뉴노멀 시대의 마케팅

뉴노멀 시대의 마케팅

지은이	최순화
펴낸이	박숙정
펴낸곳	세종서적(주)

주간	강훈
편집	이진아 김하얀
디자인	전성연 전아름
마케팅	안형태 김형진 이강희
경영지원	홍성우

출판등록	1992년 3월 4일 제4-172호
주소	서울시 광진구 천호대로132길 15 3층
전화	마케팅 (02)778-4179, 편집 (02)775-7011
팩스	(02)776-4013
홈페이지	www.sejongbooks.co.kr
블로그	sejongbook.blog.me
페이스북	www.facebook.com/sejongbooks
원고 모집	sejong.edit@gmail.com

초판 1쇄 발행 2016년 10월 31일
  2쇄 발행 2017년 8월 1일

ISBN 978-89-8407-590-0 03320

© 최순화

이 도서의 국립중앙도서관 출판시도서목록(CIP)은 서지정보유통지원시스템
홈페이지(http://seoji.nl.go.kr)와 국가자료공동목록시스템(http://www.nl.go.kr/kolisnet)에서
이용하실 수 있습니다.(CIP제어번호: CIP2016025152)

변 화 한 소 비 자 를 어 떻 게 사 로 잡 을 것 인 가

뉴노멀 시대의 마케팅

최순화 지음

뉴노멀 시대, 마케팅 진검승부가 시작됐다

"놀라운 이야기 하나 해드릴까요? 우리 고객 중에는 극성스러운 엄마들과 댄서를 꿈꾸는 딸들이 등장하는 〈댄스 맘(Dance Moms)〉을 애청하는 10대 남학생들이 있는가 하면 범죄 드라마 〈브레이킹 배드(Breaking Bad)〉와 슈퍼 히어로 영화 〈어벤져스(Avengers)〉의 열혈 팬인 70대 할머니들도 계신답니다." 넷플릭스(Netflix)의 부사장 토드 옐린(Todd Yellin)의 말이다.

기존 질서가 붕괴되고 불확실성이 높아진 뉴노멀 시대로 접어들면서 소비 시장의 통념도 무너지고 있다. 연령, 성별, 소득만으로도 어느 정도 짐작이 가능했던 소비자 심리와 행동이 모호해졌고, 성별과 세대로 뚜렷하게 구분되는 패션 시장에서는 오히려 남녀노소, 전 사회 계층의 사랑을 받는 브랜드 유니클로가 전성기를 누리는 중이다. 미국, 일본은 물론 한국에서도 쿠폰을 챙겨 쓰고 코스트코에서 장을 보며 합리적인 가격대의 와인을 즐기는 검소한 부자들이 늘었다. 그런가 하면 고소득층의 전유물이었던 미술품 시장에서는 일반 직장인, 주부, 학생들의 비중이 커지는 모습이다.

　무엇보다도 눈에 띄는 것은 과거 비주류로 여겨지던 소비 집단이 새로운 트렌드 리더, 슈퍼 세그먼트로 부상한 것이다. 유행을 따르지 않는 독특한 취향 탓에 시장의 아웃사이더로 치부되던 힙스터(hipster)가 소비 시장을 움직이는 아이콘이 되었고, 3~4인 가구에 가려져 주변적으로 보였던 나 홀로 가구가 대표적인 소비 단위로 등장했다. 시니어, 여성 소비자의 위상이 더욱 높아짐에 따라 기업들도 빠르게 변화하고 있다. 피앤지(P&G)는 대학생들이 시니어 소비자의 생활을 관찰하는 '순진무구한 혁신(naïve innovation)' 프로젝트를 진행하고, 디즈니스토어는 매장과 진열대에 성별을 표시하는 안내 문구나 색상 사용을 점차 줄여나갈 것을 발표했다. 여성성과 남성성, 노인과 청년에 대한 이분법적 사고에 머무는 기업은 경쟁에서 뒤처지는 것은 물론 사회적 비난을 받을 처지에 놓였다.

　기존 마케팅 방식의 효용성도 축소되었다. 마케팅은 활기차고 적극적인 외향적 활동이라는 상식에서부터 벗어나야 한다. 화려한 미사여구가 넘치는 시장에서 충분한 정보와 능력, 경험을 갖춘 소비자들은 속도보다 신중함을, 말하기보다 듣기를 우선하는 내향성의 미덕을 갖춘 기업에 호응한다. 과도한 마케팅으로 혼잡해진 시장에서 브랜드 이름을 숨기거나 침묵하는 '디브랜딩(de-branding)' 전략으로 차별화된 가치를 전달할 수도 있다. 크래프트(Kraft), 스트롱보우(Strongbow)는 모든 소비자의 사랑을 구하기보다 브랜드를 거부하는 혐오 고객을 정면으로 바라보고 전략적으로 배제시킴으로써 마니아 고객층을 두텁게 만드는 역발상적인 지혜를 발휘했다.

저성장이 장기화되는 소비 빙하기에는 고객과 공유하는 감정의 폭도 넓어졌다. 기쁨과 즐거움은 물론 슬픔, 외로움 등 복합적인 감정을 나눌 때 고객과의 관계는 더욱 깊어진다. 소비자의 눈물샘을 자극하는 '새드버타이징(sadvertising)'으로 섬세한 감성을 전달한 구글과 버드와이저는 고객과 인간적이고 성숙한 관계를 구축하는 데 성공했다. 잦은 사건 사고로 건강과 안전을 위협받는 소비자들의 불안과 두려움, 공포도 함께 극복해나가야 한다. 시장에 활기를 주고 반전 매력을 뽐낼 수 있는 신선한 유머와 위트도 필요하다.

시대를 막론하고 변하지 않는 원리도 있다. 고객을 단순히 구매자(purchaser)가 아닌 우정을 나누고 로맨스를 즐기는 친구, 연인(human)으로 인식한다면 서로가 더 나은 존재로 발전할 수 있는 평생 파트너가 될 수 있다. 레고는 유아기부터 청소년, 성인으로 이어지는 끈끈한 고객 관계를 바탕으로 단순한 장난감 제조업체가 아닌 몰입의 즐거움과 성취감을 선사하는 브랜드로 자리 잡았다. 소비자의 취향을 파악하고 그들의 잠재력을 이끌어내는 인내심과 능력을 갖춘 기업은 어떠한 상황에서도 든든한 지지층을 유지할 수 있다.

한편 소비 시장의 성장이 정체될수록 해외 소비자, 기업을 유인하고 내수를 활성화하기 위한 국가 간 마케팅 경쟁도 더욱 치열해졌다. 이제는 단순히 많은 사람들이 찾는 곳이 아닌, 시민과 국민으로부터 사랑받고 이탈을 원하는 불만 고객이 없는 도시와 국가를 지향해야 한다. 또 자기 실속만 차리는 체리피커(cherry picker)형 관광객보다 오래 머물고 다시 방문하고 싶어하는 충성 고객을 확보하는 것이 중요하다. 프리미엄 국가 브랜드 전략을 추진하는 일본, 관광 강국에서 경영 강국으로 리포지셔닝을 시도하는 뉴질랜드는 의미 있는 시사점을 제공한다.

이 책은 2014년부터 『매경이코노미』, 「중앙Sunday」 등의 칼럼에 변화하는 소비 시장과 기업의 마케팅을 주제로 연재한 글을 바탕으로 완성되었다. 화려한 삶보다 절제된 생활을, 물질적 소유보다 독특한 체험, 정신적 만족감을 중시하는 소비자들이 서서히 시장을 바꾸어가고 있다. 사회와 시장의 통념이 사라지고 원칙과 규범이 재정립되고 있는 지금, 기업의 진정한 마케팅 실력이 드러나는 진검승부가 벌어지고 있다. 제품은 좋은데 시장 상황이 좋지 않다고, 소비 여력이 풍부한 고소득층이 소비 시장 활성화에 나서지 않는다고 푸념만 하고 있어선 안 된다. 근본적인 원인을 파악하고 새로운 접근법을 찾아야 한다.

차례

PART 01

떠오르는 소비층,
슈퍼 세그먼트에
주목하라

고정관념이 사라지고 새로운 질서가 확립되는 뉴노멀 시대에는 주류와 비주류, 정상과 비정상의 경계가 사라지고 과거 주변적이거나 수동적인 집단으로 인식되었던 소비자들이 막강한 파워를 지닌 슈퍼 세그먼트로 부상했다. 이 장에서는 트렌드를 이끌어가는 다섯 가지 슈퍼 세그먼트와 그에 따른 마케팅의 변화를 소개한다.

먼저 기업의 대량 마케팅이나 대중의 유행에 무관심했던 시장의 아웃사이더이자 인디 문화의 주인공에서 트렌드세터로 부상한 힙스터들이다. 이들의 영향으로 유행의 중심지도 대도시나 다운타운에서 중소 도시나 변두리 골목길로 옮겨갔다. 힙스터의 본고장으로 알려진 미국의 포틀랜드, 뉴욕 윌리엄스버그에는 힙스터 문화를 체험하고 관찰하려는 관광객들은 물론 글로벌 기업 CEO들의 발길이 잦아졌다. 한국에서도 트렌드세터의 근거지가 화려한 강남에서 상수동이나 서촌 등의 좁은 골목길로 이동하는 중이다.

두 번째는 뉴노멀 시대에 새로운 기준으로 자리 잡고 있는 싱글들이다. 2014년 통계청 조사에 의하면 결혼을 반드시 해야 한다고 생각하는 20~30대는 9%에 불과하고, 60대 이상에서도 그 비중은 33.7% 수준이었다. 이러한 추세를 보여주듯 혼자만의 생활을 즐길 수 있는 상품에 대한 수요가 급증했다. 동시에 외로움과 고립감을 달래기 위한 사회적 연결에 대한 잠재 욕구도 커지고 있다.

유행에 뒤처진 느림보(laggard) 소비자이자 보살핌의 대상이었던 노년층은 구매력은 물론 젊음과 지혜를 갖춘 위대한 소비자로 변신 중이다. 활동적이고 지적인 시니어 소비자들이 늘어남에 따라 그들의 충족되지 않은 욕구를 채워주는 신선한 상품의 개발이 중요해졌다. 무엇보다도 자신들의 니즈에 꼭 맞는 상품을 원하면서도 시니어 전용 상품을 꺼리는 '시니어 패러독스'를 헤아리는 섬세함이 필요하다.

여성성과 남성성의 전형성도 사라졌다. 조신한 남편, 호통치는 부인이 등장하는 TV 프로그램이 인기를 끄는 등 사회와 시장 곳곳에서 여성의 영향력이 지속적으로 증대하고 있다. 그러나 여전히 대다수 여성 소비자들은 상품 개발자와 광고 제작자들이 자신들을 제대로 이해하지 못한다고 평가한다. 기업 경영은 남성들의 영역이라는 인식도 변함없다. 글로벌 기업의 CEO는 물론 임원진의 대부분이 남성이며, 마케팅 분야에서도 최종적인 의사 결정자의 90%가 남성이다. 단순히 여성용 상품을 만드는 것이 아닌 여성적 경영, 여성에 의한 경영을 활성화시켜야 진정한 여성 마케팅이 완성되고 미래 시장을 선점할 수 있다.

마지막으로 소비 시장을 받들고 있는 대들보인 중산층의 변화를 주시해야 한다. 소비 여력은 있지만 상대적 박탈감, 미래에 대한 걱정으로 지갑 열기를 주저하는 '마인드 푸어' 소비층은 많은 기업들이 놓치고 있는 소비 시장의 거대 사각지대다. 저성장기 속에서 자발적, 비자발적으로 절제된 생활을 택하는 이들의 잠재 욕구를 파악하고 생활의 질을 높여주는 기업은 현재는 물론 돌아올 경제 회복기의 승자가 될 가능성이 크다.

소비 시장은 점점 더 복잡해지고 예측이 어려워지고 있다. 하지만 기대하지 못한 곳에서 의외의 기회를 찾을 가능성 역시 커졌다. 에이수스(ASUS)는 어린이용으로 출시한 저사양 PC가 직장인들의 세컨드 PC로 선택될지 몰랐고, 닌텐도는 게임기 위(Wii)가 노인과 가족 단위 고객들로부터 선풍적인 인기를 끌 것을 예상하지 못했다. 언제 어디서 등장할지 모르는 기회이지만, 준비된 자만이 잡을 수 있다. 기존의 정형화된 방식을 고집한다면 구태 브랜드로 외면당하고 새로운 성장 가능성을 상실할 수밖에 없다.

힙스터, 아웃사이더에서 트렌드세터로

당신의 힙스터 지수를 체크해보세요.

1. 얼굴을 만져보세요. 지금 당신의 수염 상태는 어떤가요?

　-말끔하게 면도한 상태(1점)

　-이제 막 기르기 시작해 까칠까칠한 상태(2점)

　-체크무늬 셔츠와 잘 어울리는 약간 긴 상태(3점)

　-포크록 가수처럼 보일 정도로 풍성한 상태(4점)

2. 마지막 외식은 어디서 하셨나요?

　-체인 레스토랑(1점),

　-소문난 맛집(2점)

　-지저분한 수제 버거 식당(3점)

-길거리 푸드 트럭(4점)

3. 요즘 어떤 술을 드시나요?
　-하우스 레드와인(1점)
　-라거 생맥주(2점)
　-큰 유리병에 담긴 칵테일(3점)
　-수제 에일 맥주(4점)

영국 일간지 「텔레그래프(*Telegraph*)」의 2013년 10월 기사 '당신은 힙스터인가요?'에 나온 질문 중 일부이다. 답변의 점수 합계가 높을수록 힙스터 지수는 올라간다. 남의 시선을 의식하지 않는 쿨한 사람, 유명 브랜드나 명품보다 스스로 가치를 두는 상품을 선호하는 사람, 인디 음악과 위트 있는 말장난을 즐기는 사람. 모두 힙스터를 일컫는 표현들이다.

미국 소설가 노먼 메일러(Norman Mailer)는 1957년 『하얀 흑인(*The White Negro*)』에서 대기업과 중산층이 주도하는 대중문화를 거부하고 사회적 약자인 흑인들의 에너지와 열정, 격렬함을 동경하는 백인들을 힙스터로 묘사했다. 1960년대 히피가 평화와 사랑을 갈망한 반(反)문화의 아이콘이었다면, 지금의 힙스터는 대중

시장을 벗어나 자신만의 생활을 즐기는 탈(脫)문화적 성향을 보인다. 재활용 의자에 앉아 공정무역 커피를 마시며 바이널 레코드를 듣는 이들은 유행에 무관심하고 기업의 마케팅에 냉소적이다. 첨단 제품에 열광하고 명품이나 최신 스타일로 무장한 얼리어답터, 패셔니스타와 다른 모습이다.

주류로 떠오른 힙스터리즘

주류 시장을 이탈한 아웃사이더, 힙스터가 언더그라운드 시장을 넘어 대중 시장으로 영향력을 확장하고 있다. 스키니진과 두꺼운 뿔테 안경, 푸드 트럭이 전 세계적으로 유행하고 독립 영화와 비주류 음악이 대중적 관심을 받게 된 배경의 중심에 힙스터가 있었다. 최근 핫 아이템으로 부상한 픽시 자전거도 전형적인 힙스터인 바이크 메신저들이 빠른 배달을 위해 선수용 자전거를 개조해 만든 데서 유래한다. 희소한 고가 상품으로 자신을 과시하는 스노비즘(snobbism)과 함께 남과 다름을 추구하지만 타인의 평가보다 자기만족을 중시하는 힙스터리즘(hipsterism)이 소비 시장을 움직이는 양 축이 되었다.

2013년 「뉴욕타임스」는 서울에서 가장 예술적이고 창의적인 곳은 더 이상 강남이 아니라는 내용의 기사를 내보내며 상수동

덥수룩한 수염과 두꺼운 뿔테 안경을 쓴 힙스터들의 모습이다.

의 무대륙이라는 곳을 소개했다. 무대륙은 창고를 개조한 건물에 인디 밴드를 위한 공연장, 수제 맥주를 파는 펍, 디자이너들의 소형 스튜디오, 옥상 텃밭이 들어선 복합공간이다. 언더그라운드 예술가들의 창작 활동을 직접 체험하고 지원하는 힙스터들의 집결지인 셈이다. 유사한 형태의 거리 상권이 여러 지역에 형성되고 있지만, 유명세를 타면서 정작 원주민 격인 중소 상인과 힙스터들은 새로운 아지트를 찾아 떠돌게 되는 젠트리피케이션(gentrification)이 심화되고 있는 것도 현실이다.

노마케팅, 작은 관계 맺기가 중요

기업의 메시지에 냉담하게 반응하고 독단적으로 판단하는 힙스터의 선택을 받기는 어렵다. 그러나 그들 특유의 문화를 공유하고 진솔한 관계를 쌓으면 독보적인 지위를 누릴 수 있다. '노마케팅의 마케팅(Marketing of No Marketing)'으로 힙스터 브랜드의 대명사가 된 팹스트 블루 리본(Pabst Blue Ribbon, PBR)이 대표적이다.

캔 하나가 1달러보다 싼 가격에 팔려 '물보다 싼 맥주', '노동자의 맥주'로 여겨졌던 PBR은 화려한 대형 브랜드 사이에서 쇠락의 길을 걷고 있었다. 23년간의 지속적인 매출 하락으로 사업 철수를 결정하기에 이르렀던 2001년, 작은 변화가 감지됐다. 전체 매출이 줄고 있는 중에 포틀랜드, 피츠버그 등 5개 도시에서는 판매가 서서히 증가하고 있었던 것이다. 더 놀라운 것은 변화를 이끈 주인공이 목표 고객인 40~50대가 아닌 20대 초반의 젊은이들이었다는 점이다.

PBR은 전혀 접해보지 못했던 새 고객들을 만나기 위해 포틀랜드를 찾았다. 그들은 바이크 메신저, 타투 아티스트 같은 일을 하며 우스꽝스러운 구레나룻을 기르고 알 없는 뿔테 안경을 쓰거나 구제품 같은 옷을 입은 젊은이들이었다. 많은 사람들이 멋지다고 여기는 것이 가장 멋지지 않은 이들에게 잘 알려지지 않고 가격마저 매우 저렴한 PBR은 최고의 맥주였다. 가식적이지 않고 겸손한 것같아 좋다고 말하는 사람들도 있었다. 마케팅 비용이 없어 변변한 광고 한 편 내놓지 못한 것이 PBR에게 축복으로 돌아온 것이다.

성장 기회를 찾은 기업들은 공격적인 마케팅을 펼치기 마련이다. 하지만 PBR은 신중하게 판단했고, 고객의 환심을 사기 위해 먼저 다가가지 않겠다는 '노마케팅 전략'을 선택했다. 5년간 TV 광고를 하지 않겠다는 계획도 발표했다. PBR 팬임을 공공연하게 밝히던 유명 밴드 키드 록(Kid Rock)이 광고 출연 의사를 먼저 밝혔을 때도 정중히 거절할 정도였다.

대신 힙스터들이 추진하는 소규모 이벤트를 집중적으로 지원하기로 했다. 포틀랜드의 바이크 메신저 협회가 자전거 경주 대회 지원을 요청해왔고, 이를 받아들이자 뉴욕과 시카고 등 다른 지역으로 소문이 퍼지면서 '언더그라운드 후원 업체'로 명성을 쌓기 시작했다. 독립 출판사 창립식, 저글링 콘테스트 같은 이색 행사에서도 함께 어울리며 다음 모임을 기약했다. 로컬 아티스트들이 제작한 PBR 포스터를 볼링장이나 바(bar)에서 전시하는 'PBR Drink & Draw Art Show'는 정기 행사로 자리 잡았다. 힙스터들이 자주 찾는 바의 바텐더가 다리를 크게 다치자 치료비를 부담하기도 했다. 모두 브랜드가 지향하는 '작은 관계(mini-relationships) 맺기'를 위한 노력이었다.

PBR의 재도약은 힙스터 문화가 여러 지역으로 확산되면서 속도를 내기 시작했다. 연간 판매 성장률은 2002년 5%, 2004년 15%, 2006년 55%로 급증했다. 2009년 버드와이저, 코로나 등의 선두 업체의 판매가 10% 가까이 하락했을 때도 25.4% 매출 증가를 기록했고, 수제 맥주 열풍이 불기 시작한 2014년에도 성장세를 멈추지 않았다. 특별한 맛도 향도 없는 얼음물 같은 맥주라는 평에도 쾌거를 이룰 수 있었던 것은 '힙스터다움'을 인정한 고객들의 지지 덕분이었다. 브랜드 로고를 문신하고 '내 생활의 일부, 평생 마실 단 한 종류의 맥주'라고 애정을 표하는 마니아도 생겼으니 맥주 업계의 할리데이비슨으로 불릴 만하다.

힙스터의 역설

유행을 싫어하는 힙스터가 유행을 만들어 결국 유행을 쫓는 입장이 되는 현상을 '힙스터의 역설(hipster paradox)'이라 한다. 이것은 힙스터 문화가 사회 전반적으로 확산되고 있음을 의미하는 용어이기도 하다. 얼마 전부터는 대중을 상징하는 브랜드 맥도날드조차 힙스터 친화 전략을 펼치기 시작했다. '현대적, 진보적 기업'으로의 변신을 선포하며 독특한 패션의 광대 캐릭터 '로널드'를 선보이는가 하면 힙스터 분위기의 젊은이들을 광고에 등장시켰다. 1970년대의 악동 캐릭터 햄버글러(Hamburglar, 햄버거 도

맥도날드가 힙스터 친화 전략을 위해 내세운 독특한 패션의 광대 캐릭터, 로널드.

둑)를 멋진 수염을 기른 남성으로 부활시켜 기업의 새 얼굴로 소개하기도 했다. 경쟁에 밀려 무리한 변신을 시도한다는 비난에도 CEO 스티브 이스터브룩(Steve Easterbrook)은 변화하는 고객들에게 다가서기 위한 당연한 노력이라고 대응했다.

힙스터를 어느 시대에나 존재했던 별난 젊은이들로 치부할 수도 있다. 하지만 기업의 미사여구에 휘둘리지 않고 상품의 본질적 가치를 주관적으로 판단하는 이들의 소비 패턴이 지역과 연령을 초월해 확산될 것이라는 전망에는 이견이 없다. 대중을 향한 획일적인 대량 마케팅은 점차 한계를 드러낼 수밖에 없다. 적정 수준을 넘은 기업의 마케팅 활동에 피로감을 느끼는 소비자에게 적극적인 애정 공세는 오히려 독이 된다.

파산 직전의 PBR이 포틀랜드에서 만난 젊은이들과의 대화를 바탕으로 힙스터를 상징하는 브랜드로 거듭날 수 있었듯, 평균의 의미가 사라진 시장에서는 미처 고려하지 못했던 마케팅 사각지대에서 뜻밖의 기회를 발견하거나 창의적 영감을 얻을 가능성이 커진다.

『힙스터 비즈니스 모델(*Hipster Business Models*)』을 저술한 재커리 크로켓(Zachary Crockett)은 성공한 젊은 창업가의 공통점으로 업계의 대세를 따르며 경쟁사의 전략에 휘둘리기보다 다름을 추구하고 새로운 시도를 망설이지 않는 힙스터 성향을 꼽았다. 그리고 새로운 아이디어와 사업을 구상하는 사람들에게 힙스터 방식의 비즈니스 모델을 제안하고 있다.

많은 사람들은 힙스터라고 하면 딱 달라붙는 스키니진, 알 없는 뿔테 안경 같은 괴상한 옷차림과 나르시시즘에 빠진 듯한 모습을 떠올린다. 그러나 1여 년간 수십 명의 힙스터를 집중적으로 관찰하고 대화를 나눠본 결과, 재커리 크로켓은 힙스터에 대한 왜곡된 시선부터 바로잡아야 한다는 결론을 내렸다. 뭔가 다르다는 이유만으로 힙스터들이 오히려 집단적 왕따를 당해왔다는 것이 그의 주장이다.

우선 힙스터의 위상이 격하된 과정을 살펴보자. 어원 전문가들은 'hip'이 서부 아프리카에서 '개방적인 시각을 지닌 사람'을 뜻하는 용어 '헤피캣(hepicat)'에서 유래한다고 말한다. 1902년 미국 용어 사전을 보더라도 'hip'은 새로운 정보를 '깨달은(aware)', '남들보다 더 잘 아는(in the know)'이란 뜻을 담고 있다. 1940년대에는 핫 재즈나 언더그라운드 음악을 즐기는 사람을 힙스터라 일컫는 경우가 많았다. 그러나 2차 세계대전 후 기존의 관습에 저항하고 주류 사회를 이탈한 비트 세대(Beat Generation)와 동일시되기 시작하면서 누더기 같은 옷을 입고 빈둥거리며 히치하이킹을 일삼는 젊은이들로 그려지곤 했다.

2000년대 이후 힙스터의 독특한 소비 스타일이 조명받기 시작했지만 촌스러운 구식 스웨터, 납작한 컨버스 운동화, 아무도 찾지 않는 팹스트 블루 리본 맥주를 마시는 그들은 대중과 어울리지 않는 껄끄러운 사람들로 인식되었다. 재커리 크로켓은 이 과정에서 '새롭고 통념적이지 않은 방식을 이해하는 특별한 사람'이라는 원래의 사전적 의미가 상실되었다고 설명한다. 별난 소비자로 부각된 힙스터의 이미지가 사업가로서 이들의 뛰어난 기질을 제대로 발견하지 못하도록 역효과를 낸 셈이다.

재커리 크로켓은 자전거 매장 주인부터 커피 머신 발명가, 푸드 트럭 주인, 스타트업 창업가까지 22명의 힙스터 사업가들을 만나고 이야기를 나눈 후 공통적인 특성을 발견했다. 예를 들어 이들은 높은 연봉과 연금을 보장하는 평생직장이나 대기업을 찾기보다 스스로 즐겁게 가치를 창출할 수 있는 작지만 의미 있는 활동을 선호한다. 이 책은 무언가를 만지작거리며 창조하고 새로운 방식 찾기를 즐기는 힙스터의 '제작자(Maker)' 자질을 오늘날 사업가가 지녀야 할 덕목으로 소개한다.

무엇보다도 힙스터들은 새로운 시도를 두려워하지 않으며 학습을 즐긴다. 의류 회사를 만들 때는 바느질부터 익히고, 장난감 사업이 꿈이라면 3D 프린터 소프트웨어 개발 실력부터 쌓는다. 레스토랑을 오픈할 자금이 충분하지 않더라도 먼저 푸드 트럭을 만들어 메뉴를 테스트하기 시작한다. 실험적인 아이디어를 웹 포럼에 올려 평가받거나 실질적인 제품이 만들어지기도 전에 크라우드펀딩 사이트를 통해 모금하기를 주저하지 않는다. 또 놀라울 정도로 인내심이 강해 실패에 직면해도 포기하기보다 몇 년에 걸쳐 계속 개선점을 찾고 궁리한다. 좋아하는 일에 대한 열정의 힘이다.

결론적으로 힙스터는 스타트업 창업을 하거나 무언가를 발명하는 데 필요한 최적의 성향을 지녔다고 볼 수 있다. 특히 사업을 시작하거나 시장을 개척하는 비용이 낮아질수록 창의적인 아이디어와 인내심, 일에 대한 열정을 지닌 힙스터 비즈니스맨이 등장할 가능성은 더욱 커진다. 아마존의 제프 베조스(Jeff Bezos), 테슬라모터스(Tesla Motors)의 일론 머스크(Elon Musk) 같은 미국의 스타 CEO들은 기업 수익보다 자기가 관심 있는 일에 몰두하고 파고드는 모습을 보인다. 그 과정에서 우주 관광이나 전기차 같은 미래형 상품을 현실화하는 엄청난 성과가 발생한다.

이 책은 힙스터 비즈니스 모델을 이렇게 정의한다. "당신이 스스로를 위해 만들 만큼 너무나 좋아하는 제품이 있다면 일단 만들어라. 그리고 누군가가 그것을 원하는지 살펴보라. 그리고 이 일을 되풀이하라." 괴짜의 태도나 행동이 대중적인 동의를 얻지 못할 수 있다. 그렇지만 즐기는 자를 이길 자는 없다.

02
싱글즈, 고독 달래줄 솔(soul) 브랜드 찾다

혼자만의 시간을 보내며 자신만의 취미와 소비 생활을 즐기는 사람들이 눈에 띄게 증가하고 있다. 최근 통계청 조사에 의하면 15세 이상 한국인의 56.8%가 여가 시간을 홀로 보내고, 특히 10대와 20대에서는 그 비중이 70% 이상이었다. 명절이나 크리스마스에 집에서 혼자 영화를 보거나 파티를 즐기는 이들도 늘어났다. 남과 어울리는 데 드는 시간과 비용을 낭비로 여기는 사람들도 많다. 셀프 인테리어, 수납 정리, 밑반찬 만들기 등 '혼자 잘 살기' 요령을 알려주는 강좌도 등장했다.

기업도 이들에게 공을 들이는 모습이다. 혼자 밥 먹는 '혼밥족'을 겨냥한 다양한 간편식, 냉동식품이 대거 출시됐고, 저렴하고 실속 있는 편의점 도시락을 즐기는 '편도족'이 증가하면서 업체 간 마케팅 경쟁도 치열하다. 소형 가전이나 가구부터 1인 술집과 노래방까지 혼자 살기에 불편함 없는 세상이 됐다. 하지만 혼자만의 시간이 늘어갈수록 외로움이 깊어지는 것도 사실이다. 2015년 다음소프트의 데이터 분석에 의하면 소셜네트워크서비스(SNS)에서 '외롭다'는 단어가 2011년 대비 5배 이상 사용됐고, 잡코리아의 1인 가구 설문 조사에서도 84%가 '외로움을 느낀다'고 답했다.

외로울수록 비주류 취향이 된다

낭만적 외로움을 넘어 단절감과 소외감을 느끼고 대인 관계에 대한 욕구를 상실한 사람도 많아졌다. '히토리구라시(一人暮らし, 독신 생활)' 문화가 뿌리 깊은 일본은 물론 미국에서도 이미 10년 전 사회적 고립감을 느끼는 비중이 25%에 달하는 것으로 조사되어 대중이 느끼는 외로움과 소외감이 이슈가 됐다. 하지만 자신이 외롭다는 사실을 흔쾌히 인정하는 사람은 많지 않다. 기업은 '나 홀로' 시장의 외형적 성장을 무작정 반기기보다 그 이면에 잠재하는 외로움과 고독을 감지해야 한다. 소비자들의 속내를 먼저 이해하면 남들은 보지 못한 새로운 기회를 발견할 수 있기 때문이다.

스탠포드 대학의 바바 시브(Baba Shiv) 교수는 외로움이 소비 행동에 미치는 영향을 분석하기 위한 실험을 진행했다. 넷플릭스의 웹사이트에서 주말에 볼 영화를 고르는 상황을 설정해 특정 영화를 선택하면 간략한 정보와 함께 과거 이 작품을 본 사람들의 평점이 제시되도록 했다. 참가자들이 모든 내용을 충분히 살펴보게 한 후 각 영화를 대여할 의향과 외로움의 수준을 측정했다.

당연히 대부분의 사람들은 평균 이상의 높은 평점을 받은 영화를 선호했다. 놀라운 것은 외로움을 많이 느끼는 참가자일수록 평점이 낮은 영화를 대여할 의향이 높았다는 것이다. 바바 시브 교수는 그 이유를 일반인들은 낮은 평가를 받은 영화를 단순히 형편없는 작품으로 인식하는 반면 외로운 소비자는 취향이 독특한 특정인들의 사랑을 받은 컬트 무비로 여기기 때문이라고 설명했다.

또 다른 실험에서는 참가자들에게 기존 고객의 80%와 20%가 각각 좋아하는 두 예술가의 작품 중 하나를 선택하도록 했다. 여기서도 외로운 소비자들은 20%가 선호하는 예술가의 작품을 선택하는 경향을 보였다. 외로움이 커질수록 대중적인 상품보다 소수의 선택을 받는 마이너(minor) 상품을 더 높이 평가한다는 것이다.

그런데 여기에는 중요한 사실이 숨겨져 있다. 이들은 같은 예술품 구매라도 자신의 침실을 꾸미기 위해 혼자 결정할 때와 회의실용 장식품을 공개적으로 구매할 때 정반대의 모습을 보였다. 남에게 드러나지 않는 개인적인 공간에서는 자신과 정체성이 유사하다고 인식되는 특이한 작품을 선택한 반면, 의사 결정 과정이 공개되는 상황에서는 대다수가 선호하는 작품을 선택했다. 집단과 동떨어진 유별난 사람으로 보이고 싶지 않기 때문이다.

나 홀로 소비자의 복잡 미묘한 심리

외로운 소비자의 복잡한 심리를 어떻게 받아들여야 할까. 우선 다른 사람들과 함께 사용하거나 구매 상황이 공개되는 경우가 아니라면, 이들은 대중적이지 않은 니치(niche) 상품을 좋아할 가능성이 크다. 개성이 강하고 실험적인 상품, 많이 알려지지 않은 중소 브랜드에게는 기회가 된다. 또한 사생활을 보호받고 싶어 하는 욕구가 크기 때문에 대중매체보다 온라인이나 모바일을 통해 은밀하게 접근하는 것이 바람직하다. 많은 사람들에게 선택받지는 않았지만 특별한 소수 고객들로부터 가치를 인정받는다는 점을 부각하는 것이 좋다.

대중의 인기를 얻은 브랜드도 안심할 수 없게 되었다. 외로움이 커질수록 공개적인 소비와 개인적인 소비 활동의 차이가 커지기 때문에 구매하는 제품과 진심으로 좋아하는 제품 사이에 미스매치가 발생할 확률이 높아진다. 공개적인 상황에서 주변을 의식하머 선택한 상품을 개인적으로 사용할 때는 후회와 불만족이 따르기 쉽고, 결국 소비 생활의 질이 떨어지게 된다. 그러므로 판매 이후까지 소비 과정 전반에 걸쳐 고객 반응을 파악해 태도와 행동의 부조화를 최소화하도록 해야 한다.

소비자의 외로움의 수치가 높을 때는 추억을 소재로 한 노스텔지어 마케팅도 효과적이다. 가족, 친구, 연인 등 누군가와 함께 보낸 시간을 떠올리면 사회적 연결감이 충족되고 정서적으로 위로를 받는다. 얼마 전 드라마 〈응답하라 1988〉이 인기를 끌자 기업들은 1990년대 단종되었던 맥주를 한정판으로 재출시하고 과자와 초콜릿에 당시 포장 디자인을 적용해 큰 성과를 거뒀다. 미국의 패션 브랜드 캘빈클라인도 1980~1990년대 사용했던 소재와 디자인을 활용한 의류와 향수를 선보여 두 달 내에 판매를 완료하는 기록을 세웠다.

복고 마케팅이 좋은 실적을 거두는 데는 사회적 욕구와 경제적 욕구의 상호 관계가 작용한다. 프랑스 그르노블 경영대학의 재닌 라살레타(Jannine D. Lasaleta) 교수는 추억을 되새기는 광고를 본 소비자들이 중립적인 광고를 본 사람들보다 동일 제품에 대해 훨씬 높은 가격을 지불하거나 자선단체에 더 큰 금액을 기부한다는 점을 발견했다. 가족, 친구들과의 행복했던 시간을 회상하면 관계 욕구가 충족되는 대신 돈에 대한 열망은 줄어들기 때문이다. 향수를 부르는 상품이나 광고를 접한 소비자는 누군가와 연결되어 있다는 안도감과 행복을 느껴 돈 쓰기를 주저하지 않게 된다.

외로운 소비자를 연결시켜라

혼자 생활하는 시니어들이 겪는 쓸쓸함과 고독감도 사회적 이슈로만 치부하기보다 소비 시장의 주된 변화로 인식해야 한다. 고립감을 느끼는 소비자에게 접근할 때는 상품 가치를 강조하기에 앞서 누군가와 함께 있고 싶은 근본적인 욕구 충족을 우선시해야 진정한 고객 관계가 형성된다.

2014년 10월 글로벌 이동통신업체 보다폰(Vodafone)은 루마니아에서 75세 이상 노인 400만 명이 홀로 지내고 있음에 주목하고 '할머니의 일요일(Sunday Grannies)'이라는 캠페인을 시작했다. 남편을 여의고 함께 살게 된 두 할머니가 큰 주방에서 습관적으로 대가족 분량의 식사를 준비하는 모습을 보고 기획된 이 캠페인은 사람을 그리워하는 할머니와 고향집을 그리워하는 학생들을 서로 연결해주는 것을 근본 취지로 삼았다.

페이스북에 할머니의 일요일 메뉴를 올리면 참여를 신청한 학생들이 할머니 집을 방문해 함께 식사를 즐기는 방식이었다. 식사

'할머니의 일요일' 캠페인 이후 루마니아 노년층의 스마트폰 구매가 급증했다.

후 어떤 학생들과 무엇을 먹었는지를 보여주는 스토리와 사진을 게시하자 순식간에 43만 명이 '좋아요'를 눌러 루마니아에서 가장 인기 있는 블로그로 등극했다. 이 이야기는 TV 다큐멘터리로도 제작되어 전국으로 알려졌고 할머니의 레시피로 만든 레몬파이가 상품화되기도 했다.

모바일 앱으로 캠페인에 동참할 할머니를 모집하자 루마니아 전역의 수많은 할머니들이 집으로의 초대를 신청했다. 할머니들은 누군가와 함께 요리하고 먹는 새로운 즐거움을 발견하고, 더

불어 디지털 기기와 SNS를 다루는 방법을 자연스럽게 익히게 됐다. 캠페인 이후 9개월간 65세 이상 노년층의 스마트폰 구매가 78.8% 증가했고, 페이스북 계정을 만든 노인들도 20% 이상 늘었다. 대대적인 광고나 프로모션, 교육 서비스로도 실현하기 어려운 성과였다.

혼자 잘 놀아도 사람의 온기가 그립다

성격 테스트에서 인생을 혼자 쓸쓸이 마감할 가능성이 크다는 결과를 받은 사람만큼 절망적인 사람도 없을 것이다. 그런데 그들 중 절반에게는 곰 인형을 쥐어주고 나머지는 인형을 보기만 하도록 한 후 봉사 활동에 참여할 의향을 묻자 인형을 직접 만진 사람들의 참여 의지가 두 배 이상 높게 나타났다.

부드러운 털 인형을 쓰다듬는 것만으로도 고립감이 치유되고 사회 활동에 대한 의지가 형성된다는 말이다. 홀로 지내는 소비자들이 인형이나 장난감을 수집하며 만지작거리고 반려동물을 애지중지하는 심리도 같은 맥락이다. 연구자들은 이를 '테디 베어(teddy bear) 파워'라고 부른다.

혼자만의 시간이 편하고 자유로운 것은 사실이지만 점점 커져 가는 쓸쓸함을 감당하기는 쉽지 않다. 마음이 허전하거나 몸이 아풀 때 그리워지는 따뜻한 집밥이나 추억의 음식을 솔 푸드(soul food)라고 한다. 물리적 편익만을 강조한 1인용 상품이 아닌, 고객의 외로움과 공허함을 헤아리고 교감하는 솔 프로덕트, 솔 브랜드를 지향해야 한다.

Marketing Insight
외로움은 물질에 집착하게 만든다?

히브리 대학의 샬롬 슈워츠(Shalom Schwartz) 교수는 20개국 비교 문화 연구를 통해 권력, 성취, 쾌락 등 자기 고양(self-enhancement) 과 연관된 가치는 배려, 보편성, 커뮤니티 등 자기 초월(self-transcendence) 가치와 공존할 수 없는 모순적 특성을 지닌다는 점을 밝혔다. 물질적 소유에 집착하게 되면 성공과 쾌락을 향한 활동이 활성화되는 한편 가족과 커뮤니티에 대한 관심과 배려가 줄고 관련 행동도 비활성화된다는 것이다.

실제로 실험 대상자들에게 야망, 성공의 중요성을 강조하자 업무의 성과는 개선되었지만 남을 돕는 행동은 줄어드는 것으로 나타났다. 물질적 가치를 중시할수록 사회적 가치의 중요성은 낮아지고 인간관계의 기반은 약화된다. 물질적 획득, 값비싼 물건에 대한 욕구가 높고 경제적으로 풍족해지기를 갈망하는 사람은 상대적으로 타인에 대한 신뢰가 낮고 가족 또는 친구들과의 관계에 대해 만족하지 못하는 경우가 많다.

즉 물질주의 가치가 심화될수록 사회적 관계 가치의 중요성과 만족도가 약화되어 혼자 지내는 시간이 길어지고 결과적으로 외로움과 고립감이 깊어진다.

나아가 틸뷔르흐 대학의 릭 피테르(Rik Pieters) 교수는 물질주의가 사회적 고립을 야기하고 이는 다시 물질주의를 심화시키는 순환적 관계가 존재한다는 점을 증명했다. 외로움과 물질적 욕구는 서로 영향을 미치는 쌍방향적 관계라는 의미다. 대인 관계 욕구가 충족되지 않으면 사람들은 복잡하고 어려운 사회적 관계를 재정립하기 위해 노력하기보다 상대적으로 쉽게 획득할 수 있는 물질적 보상을 찾는다. 인간적 애착이 부족한 사람이 차선으로 물질에 의존하거나 화목하지 못한 가정에서 성장한 사람일수록 강한 물질적 욕구를 지닌 것도 같은 맥락이다.

특히 자신의 사회적 지위를 과시하고 더 많은 물질을 획득할수록 행복해진다고 생각하는 소비자일수록 외로움의 강도가 높아졌고, 외로움은 다시 성공을 상징하는 고가품에 대한 욕구를 증폭시켰다. 인간의 기본 욕구 중 하나인 관계 욕구가 충족되지 않으면 물질적 소유에 더욱 집착하게 되는 악순환이 되풀이되는 것이다.

이러한 관점이 기업에게 주는 메시지는 무엇일까. 기업의 적극적인 마케팅이 과소비를 조장할 뿐 아니라 현대인의 사회적 관계 가치를 약화시키고 고독함을 증폭시키는 요인으로 작용한다는 비난을 받을 수 있다. 한편 기업이 앞장서 사회적 가치와 나눔, 베풂을 강조하면 장기적으로 다양한 대인 관계가 회복되고 공동체가 활성화되지만 물질 소비에 대한 욕구는 상대적으로 낮아질 수도 있다. 이는 기업에게 딜레마이자 극복해야 할 숙제다. 미래 마케팅의 미션은 물질적 가치와 사회적 가치가 공존하도록 하고 소비를 통해 외로움을 치유하는 선순환 고리를 만드는 것이 아닐까.

03
시니어, 돈·지성·감성 갖춘 위대한 소비자

"손주 며느리 보셔야죠"가 겉치레 인사가 아닌 세상이다. 지금의 시니어들은 이전 세대보다 지갑이 두둑할 뿐 아니라 돈 쓸 시간과 체력, 적극적인 소비 성향까지 갖춘 슈퍼 소비자들이다. 돈벌이나 출세를 포기한 20대 '달관 세대'의 형편이 나아지지 않는 한 기업이 의지할 수 있는 유일한 시장이기도 하다.

세계 최고령 국가인 일본에서는 이미 오래전부터 제품, 서비스, 구매 환경을 고령자 친화적으로 개선하는 데 많은 노력을 들여왔다. 제품을 1~2인용으로 소형화하고 글자 크기를 키우는 것은 기본이다. 매장 내 에스컬레이터의 속도를 늦추고, 선반과 계산대를 낮게 만들고, 쇼핑 카트는 가볍게 만든다.

선두 기업들은 한발 앞서 시니어 시장을 중심으로 중장기 전략을 재편하고 있다. 시니어를 더 이상 주변적이거나 선택적인 시장으로 바라보지 않는다는 뜻이다. 일본 최대 유통업체 이온 (AEON)은 2011년 '시니어 시프트(Senior Shift)' 전략을 선포했다. 핵심 타깃을 50세 이상 고객으로 전환하고 투자를 확대한다는 계획이었다. 2013년에는 도쿄 카사이점을 대대적으로 리뉴얼한 '그랜드 제너레이션(Grand Generation, G.G)'몰을 오픈했다. 활동적인 고령자를 일컫는 '액티브 시니어(Active Senior)'에서 나아가 사회의 '최정상급 계층'으로 존경받아야 한다는 의미에서 '위대한 세대'라는 의미를 담은 것이다. '인생 최고의 순간을 지나고 있는 세대'라는 뜻으로도 해석된다.

유통업을 이끄는 시니어 소비자

G.G 전용 공간인 쇼핑센터 4층에는 문화센터, 카페, 피트니스 센터 등 다양한 편의 시설이 들어서 있다. 문화센터에는 수공예, 악기 연주, 사진 촬영 등 창의적인 여가 생활을 지원하는 150여 개 프로그램이 개설되었다. 카페에는 시니어들이 자식처럼 여기는 반려동물과의 동반 입장도 가능하다. 이온은 지바(千葉)에 G.G몰 2호점을 열고 G.G 고객용 상품을 전시하는 '그랜드 제너레이션 컬렉션'을 연례행사로 개최하기 시작했다. 2014년에는 데이팅 서비스를 제공해 싱글 시니어들의 관심을 집중시켰다.

또 이온은 자회사 이온펫(AEONPet)을 통해 애완견 전문 요양 시설을 오픈했다. 사육 환경, 의료 기술이 발달함에 따라 반려동물의 수명까지 길어지자 나이 든 개를 돌보는 데 체력의 한계를 느끼는 노인들이 많아졌기 때문이다. 요양 시설에는 의료 설비는 물론 수영장과 체육관이 갖춰져 24시간 돌봄 서비스가 제공된다. 몸을 가누지 못하는 노견의 경우 2시간마다 자세를 바꿔주기도 한다. 이곳의 월 이용 요금은 100만 원이 넘지만, 대기자가 있을 정도로 인기를 끌고 있다. 오랜 시간을 함께해온 반려동물을 마지막까지 돌봐주고 싶어 하는 노인들의 심리를 꿰뚫어 본 결과다.

학생이나 20대를 주 타깃으로 삼던 편의점도 고령 소비자에게 눈길을 돌리고 있다. 세븐일레븐의 경우 1989년 63%에 달하던 29세 이하 고객 비중이 2013년 29%로 줄어든 반면 같은 기간 내 50대 이상 고객의 비중은 9%에서 30%로 늘어났다고 한다. 주요 업체들은 젊은이들의 입맛과 경제 사정에 맞춘 인스턴트식을 줄이고 시니어가 먹기 좋은 소포장 신선 식품, 유기농 치료식 도시락 라인을 확대했다. 특히 편의점 주먹밥과 도시락은 집에서 먹는 바깥 음식, 또는 집밥과 외식의 중간이라는 의미로 '나카쇼쿠(中食)'라 불리며 편의점 업계의 성장을 견인하고 있다. 매장에는 혈압계와 안마 의자를 설치하고, 건강 상담사가 상시 대기하는 생활

지원 서비스와 직원이 직접 집으로 찾아가 물건과 전단지를 보여주고 판매하는 이동 서비스도 제공한다.

시니어, 지성과 감성을 갖추다

신체적 불편함과 정서적 결핍을 해결하는 데서 한발 나아가 자기 효능감, 자아실현 등 상위 욕구를 충족시켜주는 고차원적 접근도 필요하다. 현재 서울에 거주하는 50대 이상 인구 중 전문대 이상 학력자는 45.5%에 달해 이전 세대의 16.1%와 큰 차이를 보인다. 그만큼 지적 호기심이 풍부하고 자기만족을 추구하는 시니어 소비자들이 많아졌다. 이들은 여행을 가더라도 인솔자를 따라다니기보다 스스로 계획하고 독립적으로 이동하기를 선호한다. 여행지의 설명 문구 하나하나를 탐독하는 〈꽃보다 할배〉의 '이순재 형' 시니어들도 많아졌다.

미국에서는 학구파 시니어의 지적 욕구를 채워주는 서비스가 등장한 지 오래다. 1975년 설립된 비영리 기관 로드 스칼라(Road Scholar)는 50세 이상 시니어를 대상으로 교육과 여행을 접목시킨 프로그램을 제공한다. 세계 각지의 박물관과 미술관을 다니며 강의를 듣는 '아트 러버(Art Lovers)' 프로그램부터 기차를 타고 역사적 유물을 찾아가는 '트레인 저니(Train Journeys)', 미국의 작

93세 패셔니스타 아이리스 아펠의 모습이다.

은 마을을 방문해 숨겨진 역사와 문화를 학습하는 '마이 홈타운 (My Hometown)' 프로그램까지 매년 4600번의 여행에 10만 명의 시니어들이 참여하고 있다. 참여자의 대부분이 대졸 이상의 학력이며, 평균 연령은 72세라고 한다.

올해부터 새로 시작된 '리빙 앤 러닝(Living and Learning)'은 파리, 아바나 등 매력적인 도시의 아파트에 4~6주간 거주하며 현지 생활을 체험하는 프로그램이다. 낯선 곳에서 독립적으로 생활하며 현지의 언어와 문화에 적응해가는 해외여행의 고급판인 셈이다.

세대와 세대를 엮어라

시니어와 젊은 세대를 연결하는 크로스 제너레이션(cross generation) 전략으로 젊은 층과 고령층의 마음을 동시에 사로잡을 수도 있다. 미국 패션 브랜드 케이트 스페이드(Kate Spade)는 패셔니스타로 유명한 93세 디자이너 아이리스 아펠((Iris Apfel)을, 프랑스 명품 브랜드 셀린느(Celine)는 패션 잡지『보그』의 에디터로 활동했던 80세 작가 존 디디온(Joan Didion)을 광고 모델로 내세웠다. 멋지고 우아한 노년에 대한 젊은이들의 동경심을 자극하고 시니어 소비자들에게 더 친근하게 다가가기 위해서다.

로드 스칼라에는 시니어와 대학생 손주가 함께 떠나는 여행 프로그램 '섬머 세션(Summer Session)'이 있다. 여행을 다녀온 손주들은 "지적이면서도 쿨한 할머니의 모습을 볼 수 있었다"며 애정을 표현하곤 한다. 브라질의 CNA 어학원은 영어를 배우고 싶은 브라질 청년과 이야기 상대가 필요한 미국의 은퇴한 시니어를 매칭해 화상으로 대화하도록 하는 '스피킹 익스체인지(Speaking Exchange)' 클래스를 개발했다. 여기에 참여한 사람들은 문화적 배경과 연령이 다르기 때문에 오히려 이야깃거리가 많고, 서로 의지하는 친구가 되기도 한다.

고령화 속도에 못 미치는 한국 기업의 변신

한국의 고령화 속도는 세계 최고 수준이지만 기업의 변화 속도는 그에 못 미치고 있다. 애플과 IBM은 일본에서 65세 이상 노인 500만 명에게 노인 전용 앱이 장착된 아이패드를 보급할 계획을 발표했다. 애플 충성도가 높은 일본 시장에 대한 팬 서비스인 동시에 미래 사업의 방향과 가능성을 타진할 기회가 될 수 있다.

한국 시니어의 IT 활용 능력은 세계 어느 나라에도 뒤지지 않는다. 60대 이상 연령층의 스마트폰 보급률만 보더라도 일본은 10%에 못 미치지만 한국은 20% 수준이다. 첨단 기기 사용에 익숙하고 학습 욕구도 높은 한국 시니어 시장은 새로운 사업 아이디어를 발굴할 수 있는 기름진 토양이다. 이 시장을 주력 시장으로 인식하고 활용할 수 있는 다양한 방안을 고민해야 한다.

얼마 전 대한노인회가 노인의 기준 연령을 상향 조정하도록 공론화하는 안건을 만장일치로 통과시켰다. 실현 여부를 떠나 다음 세대의 짐을 덜어주자는 어른들의 결정은 높이 평가받았다. 내리사랑의 뿌리가 깊은 한국에서 힘들어하는 후세대를 나 몰라라 할 어른은 없다. 최근 실시된 설문 조사에서도 50~60대 부모의 64.8%가 성인 자녀가 경제적으로 어려우면 도와줄 것이라고 답했다.

시니어 소비자들은 어떤 상황에서도 한국 기업과 브랜드에게 깊은 애정을 보이고 응원해줄 든든한 지원군이다. 철새 같은 중국 관광객들이 사라진다고 아쉬워하기보다 집안을 지켜줄 진정한 충성 고객, 위대한 소비자부터 챙겨야 한다.

최근 닐슨코리아가 한국의 6085 세대를 대상으로 실시한 조사에 의하면 시중에서 판매되는 시니어용 제품이 자신과는 관련 없다고 생각하는 비중이 절반 이상을 차지했다. 60대 초반의 경우 그 비중이 80%에 육박했다. 미국에서 실시된 조사에서는 70대 이상 시니어의 60%가 매체에서 보이는 노인의 모습이 현실적이지 않다고 응답했고, 절반 이상이 무시당하는 느낌을 받았다고 한다.

젊은 마케터들이 시니어 소비자의 심리를 제대로 이해하는 것은 부모가 사춘기 자녀의 마음을 읽는 것만큼이나 어렵다. 다정한 은발 커플을 광고 모델로 등장시키면 싱글 노인들의 심기를 건드리게 되고, 홀로 있는 노인의 모습을 보여주면 외로움을 더 사무치게 한다고 서운해한다. 등장인물이 최신 유행을 잘 알아도, 또는 뒤처져도 현실감이 떨어진다고 불평한다. 기업이 오랜 고민 끝에 상품을 내놓지만 고객들은 정작 시니어 전용 상품을 선호하지 않는다는 '시니어 시장의 패러독스'도 존재한다.

까다로운 만큼 상식과 선입견을 버리고 원점에서 시작하는 접근이 필요하다. 오픈 이노베이션으로 유명한 피앤지는 2007년부터 신시내티 대학과 산학연계 프로그램인 'Live Well Collaborative'를 추진해오고 있다. 경영, 디자인, 건축, 엔지니어링 등 다양한 분야의 대학생들이 주축이 되어 시니어 소비자 패널과 함께 40여 개의 프로젝트를 진행 중이다. 보잉, 시티그룹, LG 등 글로벌 기업들도 참여하고 있으며 싱가 포르 정부와도 협력해 현지 연구소를 개설했다.

피앤지는 이 작업을 '순진무구한 혁신'이라고 부른다. 기업 내부 상 황을 전혀 알지 못하고 노화를 경험하지도 않은 18~22세의 대학생들 이 순수하게 창의성을 발휘한다는 의미이다. 학생들은 피앤지 내부의 연구진과 전혀 다른 방식으로 접근했다. 상품 개발 원칙, 생산 가능성, 비용과 수익을 무시하고, 무엇보다도 할아버지, 할머니뻘 되는 소비자 를 '구매자'가 아닌 '인간'으로 바라봤다. 시니어들도 학생들을 옆집 손주처럼 대해 정서적 유대 관계가 형성되고 자연스러운 대화와 관찰 이 이루어졌다.

학생들이 노인들과 시간을 보내며 듣고 목격한 생생한 정보는 상품 개발을 위한 중요한 자료가 되었다. 관절염을 앓는 할머니는 타이드 (Tide) 세탁 세제의 뚜껑을 힘겹게 열었고 병원에서 만난 노인은 단추 가 뒤에 달려 있는 환자복을 갈아입는 데 많은 시간을 들였다. 알츠하 이머 처방약을 구매하러 가기를 주저하는 모습도 보였다. 아무런 원칙 과 제약, 목적 없이 순수한 시선으로 노인들과 시간을 보낸 학생들은 제품 디자인, 포장, 배송 등에 관한 다양한 아이디어를 쏟아냈다.

이 프로그램은 외부 고객뿐만 아니라 기업 내부의 시니어 직원들을 위한 작업도 병행한다. 보잉의 경우 고령화되는 승무원들이 일하기에 적합한 기내 환경을 구축하는 동시에 비용 효율성을 높여야 하는 과제를 안고 있었다. 프로그램을 통해 제안된 해결책 중 하나는 좌석 아래 공간을 최대한 활용하는 것이었다. 시니어 직원들이 탑승객의 무거운 가방을 머리 위 선반에 올리는 것을 돕는 데는 한계가 있으므로 적은 힘으로도 서비스를 전달할 수 있는 방법을 찾은 것이다. 또 탑승객이 항공권을 예약할 때 자신의 짐을 머리 위 선반과 좌석 아래 중 어디에 두기를 원하는지를 미리 선택하도록 해 고객은 맞춤화된 서비스를 제공받고 승무원은 각자의 조건에 맞춰 최고의 서비스를 준비할 수 있도록 했다.

한국은 고령화 속도가 빠를 뿐 아니라 중장년층 소비자의 안목이 높아 글로벌 시니어 시장의 트렌드를 주도하는 상품과 브랜드를 출시할 수 있는 가능성이 크다. 하지만 단순히 큰 글씨를 사용하거나 제품에 화려한 색상을 입히는 등 표면적인 전략에 머물다 보면 까다로운 시니어 고객들의 잠재 불만이 점점 커질 수밖에 없다. 세계 최고의 마케팅 역량을 보유한 피앤지가 아무런 경험 없는 새파란 대학생들에게 의지하듯이 고정관념을 파괴하는 시도가 빛을 발할 것이다. 일회성의 아이디어 공모에서 나아가 장기 프로젝트로 발전시킨다면 기업과 소비자, 시니어와 젊은 층이 윈윈할 수 있는 기회를 잡을 수도 있다.

04

여성, 핑크 전략을 거부하다

··

2014년 1월, 영국의 일곱 살 소녀 샬럿 벤저민(Charlotte Benjamin)은 장난감 회사 레고에 편지를 보냈다. 삐뚤삐뚤 손으로 써내려간 편지는 이런 내용이었다. "나는 레고가 좋아요. 그런데 왜 남자 피규어는 많지만 여자 피규어는 찾기 힘든 거죠? 또 여자 피규어는 집이나 해변에 앉아 있거나 쇼핑을 하는데, 남자 피규어는 직장에 가고 사람을 구하기도 하고, 심지어 상어와 함께 수영을 해요. 모험을 하면서 즐거워하는 여자 피규어도 만들어주세요." 샬럿의 편지가 한 블로그에 소개되자 수천 명의 방문자가 공감하며 SNS로 내용을 전달했고, 영국과 미국의 주요 언론들이 이를 기사로 다루면서 레고의 성차별적 경영이 논란이 됐다.

레고가 비난의 대상이 된 것은 처음이 아니었다. 1990년대 여자 피규어와 함께 분홍색 블록 세트를 출시했으나 큰 성과를 얻지 못한 레고는 수년간의 연구 끝에 2011년 어자아이용 '레고 프렌즈'를 선보였다. 하트레이크(Heartlake)라는 가상 도시를 배경으로 다섯 명의 소녀가 함께 쇼핑하고 미장원을 다니며 우정을 쌓는 콘셉트였다. 예상치를 웃도는 판매 기록을 세우는 등 결과는 만족스러웠다. 그러나 이 제품은 이듬해 미국의 비영리단체 CCFC(Campaign for a Commercial-Free Childhood)가 발표하는 '올해 최악의 장난감' 1위로 선정되는 불명예를 안았다. 아이들에게 성에 관한 고정관념(gender stereotyping)을 심어준다는 이유였다.

샬럿의 말처럼 레고 프렌즈의 여자 피규어들은 집, 정원, 미용실, 쇼핑센터에서 대부분의 시간을 보내고, 의상이나 가구, 건물 블록의 태반이 보라색과 분홍색이었다. 또 부자연스럽게 큰 립스틱과 빗을 들고 있는 여자 피규어는 서거나 허리를 굽히는 정도의 움직임만 가능하고 손목을 돌릴 수도 없었다. 서고 앉는 것은 물론 달리기와 자동차 운전, 여러 가지 도구 사용이 자유로운 남자 피규어와는 비교가 안 될 정도로 불편한 모습이었다.

끊이지 않는 성차별 논란 속에 레고는 2015년 '연구소 세트'를 한정판으로 출시했다. 실험실에서 일하는 세 명의 여성 과학자로 구성된 상품이었다. 레고의 80여 년 역사상 첫 전문직 여성 캐릭터의 등장이라 화제를 모았지만, 마텔의 바비인형만 하더라도 1965년부터 우주비행사로 활동을 시작했으니 크게 뒤떨어진 시도라는 지적을 피할 수 없었다.

2016년 초에는 뉴욕 장난감 페어에서 워킹맘과 아빠 주부가 등장하는 신제품을 선보였다. 턱수염을 기른 아빠가 아기를 태운 유모차를 끌며 아침 준비를 하고, 정장을 차려입은 엄마는 출근을 준비한다. 레고의 꾸준한 노력에 세계 언론들도 호평을 내놓기 시작했다.

여성 소비 지출, 남성보다 30% 많다

여성은 단지 시장의 절반이 아니다. 미국과 유럽에서는 여성이 모든 소비재의 70% 이상을 구매한다. 남성의 영역이었던 자동차, 전자 제품 시장에서도 각각 80%, 60% 이상의 구매가 여성에 의해 결정된다. 한국은행 조사에 따르면 2014년 한국 여성의 하루 평균 지출 금액은 5만 6000원으로 남성 지출액 4만 3000원보다 30% 이상 많다. 여기에 여성들이 만들어내는 입소문 효과까지 고려하면, 기업의 미래는 여성의 마음을 사로잡느냐 그렇지 못하느냐에 달려 있다고 해도 과언이 아니다.

바야흐로 위미노믹스(Womenomics) 시대에 접어들면서 많은

"무엇을 만들든 아름답다"는 문구를 넣은 1980년대 레고 광고. 그 이후의 레고 행보보다 지금의 시대상을 더 잘 보여준다는 평을 받는다.

기업들이 여성의 선택을 받기 위해 노력하고 있지만, 아직 갈 길이 먼 듯하다. 여성 마케팅 전문 사이트 쉬코노미(sheconomy)에 의하면 여성 소비자들이 식품, 자동차, 금융 기업에 대해 "여성을 제대로 이해하지 못한다"고 평가한 비율이 각각 59%, 74%,

84%였다. 심지어 91%는 "광고 제작자들마저 여성을 잘 모르는 것 같다"고 평가했다.

기업은 '핑크 전략'이 여성 마케팅의 해답이라는 착각에서 벗어나야 한다. 성 역할 경계가 허물어지고 있는 젠더프리(gender-free) 사회에서 이분법적 마케팅은 큰 효과가 없을뿐더러 비난을 불러일으킬 수 있다. 2013년 타이맥스(Timex)는 분홍색 여성용 GPS 시계를 선보였다가 시장의 냉담한 반응을 얻었고 마케팅 전문가들로부터도 혹평을 받았다. 영국 유통업체 테스코(Tesco)는 어린이용 과학 세트에 '남자용'이라는 표기를 사용한 것으로 비난받은 후 공식 사과를 발표했다.

레고에게는 차라리 1980년대 광고로 돌아가라는 요구도 있었다. 배기팬츠를 입은 여자아이가 스스로 만든 구조물을 자랑스럽게 보여주는 당시 광고가 오늘날의 시대상을 더 잘 반영하고 있다는 의미다.

'여성적 제품'의 재정의

고정관념에 갇혀 제품 외관을 변형하기보다 상품 개발부터 서비스까지 마케팅의 전 단계에서 여성 고유의 본성을 고려하면 여성은 물론 전체 시장의 트렌드를 주도할 수 있다. 레고의 다섯 살

미만 그 색 중 여자아이는 절반을 차지하지만 청소년층과 성인층에서는 여성의 비중이 10% 미만으로 뚝 떨어지는 이유는 단지 제품이 헬리콥터나 자동차 위주여서가 아니다. 복잡하고 긴 조립설명서를 따라야 하는 과정이 여성에게는 전혀 즐겁지 않기 때문이다.

여성은 형식이나 법칙을 순차적으로 따르기보다 일단 만져보고 체험해보면서 깨우치는 편이다. 그런 면에서 『왜 그녀는 저런 물건을 돈 주고 살까?(*Why She Buys*)』의 저자 브리짓 브레넌(Bridget Brennan)은 가장 여성적인 브랜드로 애플을 꼽는다. 휠 하나로 쉽게 조작할 수 있는 아이팟, 몇 번의 터치만으로 사용법을 익히는 아이폰이 여성을 복잡한 제품 매뉴얼로부터 해방시켜줬기 때문이다. 기존 기업들이 각지고 투박한 MP3와 휴대폰에 분홍색이나 보라색을 입혀 여성 시장을 공략할 때, 부드러운 곡선과 정갈한 디자인을 적용하고 직관적 사용이 가능하도록 한 애플 제품은 여성들이 가지고 놀 수 있는 첫 IT 장난감이 되었다.

혼란으로 인한 스트레스에 민감한 여성을 위해 상품 체험 과정에서 노이즈로 작용할 만한 요소는 최대한 제거하는 것이 좋다. 삼성전자 TV의 경우 리모컨 버튼 수가 1985년 23개에서 2000년 47개, 2011년에는 뒷면 자판까지 합쳐 113개까지 늘어났다. 아무리 고화질, 고기능 TV라도 리모컨 사용이 복잡하고 어려우면 짜증과 불쾌감만 남는다. 삼성전자가 최근 선보인 리모컨은 불필요한 기능을 최대한 제거해 버튼 수가 20개 내외가 되었다. 대신 조약돌 모양의 둥근 디자인을 적용해 심미성과 그립감을 높였다. 잡지를 보듯 편하게 TV를 시청하고 싶은 여성들에게 사용감이 좋은 리모컨은 화질 못지않은 차별화 요인으로 작용할 수 있다.

여성을 위한 카우치 닥터가 되라

또 여성은 말 잘하는 상대보다 자신의 이야기를 경청해주는 사람을 선호한다. 고객과의 소통에서도 말하기보다 듣기에 집중해야 한다. 유창하게 제품이나 기업을 자랑하거나 지나치게 적극적으로 다가가는 것은 오히려 구매욕을 떨어뜨리고 접촉을 피하는 역효과를 내기 쉽다. "그냥 싫다"라는 말에서 '그냥'의 의미를 찾아내기 위해서는 불쾌감을 느낀 상황을 이해하고 공감하는 카우치 닥터(couch docter)의 역할이 필요하다.

보스턴 대학의 수전 푸르니어(Susan Fournier) 교수는 온라인 식품 유통업체 피포드(Pepod)의 단골 고객이었다가 갑자기 관계를 끊은 30대 직장인 여성과 대화를 나누며 다음과 같은 이야기를 들을 수 있었다.

"전 장 보러 가는 깃을 징밀 싫어해요. 그래서 인터넷으로 주문하면 집으로 배달해주는 피포드는 구세주 같았죠. 매주 한 번씩 피포드에서 장을 봤어요. 그런데 점점 불쾌한 기분이 들었어요. 누군가 내가 무슨 제품을 주문하는지를 다 안다는 것도 배달원이 간혹 내 물건에 대해 언급하는 것도 불편했어요. 주문이 뜸해지면 '우리가 만난 지 꽤 된 것 같은데, 여기 25달러 쿠폰을 드려요'라고 발송되는 메시지는 섬뜩하게 느껴졌어요. 그러던 어느 날 배달원이 화장실을 사용해도 되겠냐고 묻는 거예요. 넘지 말아야 할 선을 넘은 거죠."

가격 할인이나 경품 경쟁에 치중하는 한국 유통업체들도 새겨들을 만한 이야기다. 고객이 차마 말하지 못하는 불쾌감을 무시하면 이유도 모른 채 버림받게 된다.

여성적 리더십이라야 여성적 마케팅 성공

성공적인 여성 마케팅은 여성적 리더십에서 출발한다. 직관, 공감력, 인내심과 같은 여성적 기질이 경영자의 필수 덕목이 되었지만, 무엇보다 여성을 본능적으로 이해하는 여성 리더의 역할이 중요하다. 레고가 구시대적 논란에 휩싸인 것은 경영진 21명 중 여성은 단 2명에 불과하고 그들마저 상품 개발과 전혀 상관없는 업무를 맡고 있다는 사실과 무관하지 않다. 여전히 대다수 여성들이 혐오하는 선정적인 광고가 쏟아져 나오는 것도 광고 의사 결정자의 90%가 남성이기 때문은 아닐까.

독일의 극작가 크리스티안 그라베(Christian Grabbe)는 이렇게 말했다. "여자는 깊게 보고 남자는 멀리 본다." 여성은 좁은 시각으로 사소한 부분에 집중하는 경우가 많다. 하지만 요즘 시장에서는 작은 차이가 큰 가치를 만들어낸다. 소비 욕구가 왕성한 성장기에 더 빨리, 더 많은 것을 쟁취하기 위해 큰 폭으로 뛰어왔다면, 소비 욕구가 까다로워지는 성숙기에는 섬세함과 예민함으로 기회를 잡고 위기를 예측해야 한다. 여성의 선택을 받는 제품, 여성이 신뢰하는 브랜드가 소비 시장의 변화를 이끄는 선봉장이 될 것이다.

2016년 패션업계의 화두 중 하나는 '젠더프리(gender-free),' '젠더
리스(gender-less)'다. 패션 브랜드 자라는 남녀 공용 의류 라인 '언젠
더드(Ungendered)'를 발표했고 루이비통은 남자 배우 제이든 스미스
(Jaden Smith)를 기용해 검은 가죽치마를 입고 여성 모델들과 어울리
는 광고를 만들었다. 구치의 패션쇼에는 화려한 꽃무늬 블라우스를 입
은 남자 모델이, 삭발 헤어스타일과 거친 분위기의 여성 모델들이 런
웨이에 올랐다. 전통적으로 성별을 구분해 온 패션업계의 역사에 큰
획을 긋는 시도들이다.

성의 경계를 허무는 젠더리스 트렌드는 유통업계로도 확산 중이다.
2014년 영국 백화점 셀프리지(Selfridges)는 젠더프리 팝업 스토어를
오픈했고, 미국의 할인점 타겟과 디즈니스토어는 매장과 진열대에 성
별을 표시하는 안내 문구나 색상 사용을 점차 줄여나갈 것을 발표했
다. 장난감 업체들은 제품을 남아용, 여아용으로 구분하거나 전형적인
색상을 사용하는 상습적인 전략 방식을 변경해야 할 처지에 놓였다.

밀레니얼 세대가 소비 시장을 주도하게 되면서 젠더프리 현상은 더
욱 심화될 것으로 보인다. 2013년 인텔리전스 그룹이 14~34세 소비
자를 대상으로 실시한 조사에서 60%가 남녀 구분이 사라지고 있음을

인정했고 2/3는 앞으로 그 경계를 없애는 데 적극적으로 참여할 것이라고 대답했다. 이런 성향은 엘리트층에서 더욱 확고하게 나타난다. 「뉴욕타임스」의 경우 그(he), 그녀(she) 같은 성별을 표시하는 인칭대명사의 사용을 자제해야 한다는 주장이 제기되기도 했다.

젠더프리 사회로의 전환은 성 정체성의 무한한 다양성을 인정하는 시대로의 진입을 의미한다. 페이스북은 2014년부터 성별 카테고리에 남녀와 함께 세 번째 선택을 제시하기 시작했다. 세 번째 옵션에는 무성(agender), 유동적 성별(gender fluid) 등 58개 성 유형과 59번째 자유 기재란까지 포함된다. 영국에서는 그 수가 70개에 육박한다. 이러한 추세는 교육 현장으로도 확산되어 2015년 뉴욕 주립대는 학생의 성별 표기를 7가지로 늘린다고 발표했다.

1990년대 인기를 끌었던 미국 드라마 〈앨리 맥빌(Ally McBeal)〉은 배경이 되었던 로펌의 화장실이 남녀 공용이어서 신선한 충격을 주었다. 등장하는 배우들도 처음에 당황스러워했다는 비화가 전해지지만, 지금 시점에서 보자면 미래 지향적인 라이프스타일을 제대로 그린 듯하다. 2015년 샌프란시스코 시는 초등학교의 화장실에 남녀 구분을 폐지하기로 결정했다.

언젠가는 다양성의 수준을 넘어 어떠한 구분도 의미를 상실하는 '노젠더' 사회가 다가올지 모른다. 분명한 것은 소비자를 단순히 남녀로 구분하는 전통적인 사고는 이제 과감하게 버릴 때가 되었다는 것이다.

마인드 푸어, 소비 시장의 거대 사각지대

소비하지 않는 소비자가 늘고 있다. 2016년 2분기 한국 가계의 평균소비성향(가처분소득 대비 소비지출)은 2003년 이후 최저치인 70.9%로 떨어졌다. 소극적인 소비 패턴은 소비 시장의 대들보역할을 하는 중산층 사이에서 더 두드러진다. 현대경제연구원의 조사에 의하면 1990년 이후 중산층의 소득 증가율은 다른 계층보다 높았지만 소득 대비 지출 비중은 축소되어 결과적으로 삶의 질이 더욱 낮아진 것으로 해석된다.

이상적인 삶에 대한 눈높이와 기대감은 높아졌지만 현실과의 괴리가 커지자 중산층의 상대적 박탈감과 불만족감은 더욱 확대될 수밖에 없다. 스스로 중산층이라고 인식하는 중산층은 2003년 56.2%에서 2014년 51.2%로 지속적으로 하락하였고, 아무리 열심히 노력하더라도 계층 상승은 어렵다는 응답 비율은 2013년

75.2%에서 2015년 81%로 높아졌다. 실질적인 구매력이 줄어든 것은 아니지만 마음의 여유로움을 잃고 현재에 대한 불만과 미래에 대한 불안감을 안고 사는 심리적 하류층, 소비 의욕을 상실한 '마인드 푸어(mind poor)' 소비자들이 증가하고 있음을 보여준다.

일본 하류화가 주는 메시지

한국의 미래상을 보여주는 일본 사회에서는 1990년대부터 하류화가 빠르게 진행되기 시작했다. 인구의 72%가 스스로를 중류로 평가하며 '1억 총중류 사회'를 지향하던 국가 비전은 물거품이 되었다. 하류는 단순히 소득이 낮은 계층이 아닌 일, 생활, 학습, 소통 등 삶의 전반에 의욕이 낮은 사람으로 정의된다. 프리랜서처럼 아르바이트를 하며 생계를 이어가는 프리터, 성공에 대한 의욕 없이 학교 교육도 구직 훈련도 받지 않는 니트족이 대표적인 하류들이다.

『하류사회』를 쓴 미우라 아츠시(三浦展)는 2004년 이후 10년간 일본 사회의 하류화를 분석한 저서『격차고정』에서 일본 중산층이 극단적 양극화를 겪고 있다고 말한다. 특히 은퇴를 앞둔 50대 이상 베이비부머 사이에서 자신이 중류층에서 하류층으로 이동했다고 응답한 비중이 높게 나타났다. 젊은 층은 "나의 사회적 계층을 모른다"고 응답한 비중이 상대적으로 높았는데, 중산층으로 태어나 하류화되는 과정을 거치며 자신이 중류인지 하류인지를 인지하지 못하는 경우가 많기 때문이라고 해석된다.

한국에서도 은퇴를 앞둔 많은 베이비부머들이 자녀 교육과 결혼, 자신의 노후에 대한 경제적, 심리적 부담으로 일상생활 속에서 지갑 열기를 주저하는 경우가 많다. 실제 소득이 줄어든 것이 아닌데도, 명품백 하나쯤은 자신 있게 구매하던 20여 년 전과는 매우 다른 모습이다. 자녀 세대인 20대 소비자들도 부모에게 경제적으로 의존하기 어려워지고 자신의 미래에 대한 확신이 없어 위축되기는 마찬가지다. 소비 시장의 절반 이상을 차지하는 중산층의 부모와 자녀가 자신감을 상실하니 소비 시장의 하류화는 꽤 오랜 기간 유지될 것으로 보인다.

'굿 이너프' 상품이 쏟아진다

하류화는 기업 경영의 변화와 맞물려 가속화되었다. 2000년대 초 호황기 시절, 기업들은 중산층 소비자들이 감당할 만한 사치품(affordable luxury), 대중을 겨냥한 매스티지 제품을 줄줄이 출시했다. 그 당시 웬만한 여성 소비자는 명품백 하나 정도는 가져야 한다고 생각했고, 남성들도 고급 시계, 패션 브랜드에 대한 열망을 품게 되었다. 저성장기에 접어들면서 대중 소비자들의 심리는 위축되었지만 품질, 디자인, 이미지를 까다롭게 따지는 눈높이는 낮아지지 않았다. 패스트패션 브랜드가 빠르게 성장하였고 새로운 산업 트렌드를 만들었다.

사치스럽지는 않지만 기본 품질이 우수하고 감성적 가치도 충분한 '굿 이너프(good enough)', '칩시크(cheap-chic)' 상품이 쏟아지고 있다. 호황기 시장에서 매스티지 상품이 대중의 라이프스타일을 끌어올린 상향 계단이라면 지금의 굿 이너프 제품은 까다로운 중산층 소비자들이 한 단계 아래로 내려설 수 있도록 하는 안전 계단 역할을 한다.

핵심 기능에 집중한 적정 가격대의 제품을 일컫는 굿 이너프 제품은 원래 중국 등 신흥국 소비 시장에서 빠르게 형성된 중산층들 사이에서 큰 인기를 끌었다. 저상장기의 굿 이너프는 선진 시장에서 과다 기능, 불필요한 서비스를 회피하고자 하는 소비자들에게 맞는 최적의 요건을 갖춘 제품들이다.

수십만 원 대의 청바지에도 쉽게 지갑을 열던 소비자들은 이제 싸고 괜찮은 제품에 익숙해져 지갑을 굳게 닫았다. 유니클로, 이케아 탓에 가격 기준이 크게 낮아져 웬만한 상품은 다 비싸게 느껴진다. 패스트패션에 이어 9만 원대 남성 정장 브랜드의 인기가 급상승하는 등 의류 시장의 하류화가 빠르게 진행되면서 고급 브랜드만 취급하던 백화점들도 저가 브랜드를 적극적으로 입점시키는 추세다. 이케아의 한국 시장 진입을 계기로 싸고 질 좋은 주거, 생활용품에 대한 니즈가 증폭되자 이마트, 한샘, 이랜드 등 국내 기업의 시장 진출도 빠르게 진행되었다. 자동차 시장에서도 연비를 높이고 가격은 낮추는 다운사이징 경쟁이 벌어지고 있다. 여기에 중국 등 신흥국 기업들이 스마트폰, 자동차 등의 분야에서 '가성비 높은' 제품을 잇달아 출시함에 따라 굿 이너프 소비의 확산은 더욱 가속화되는 중이다.

소비에 흥미를 잃은 소비자

'소비하지 않는 소비자'의 원류는 1990년대 미국과 유럽을 중심으로 등장한 '자발적 단순주의자(voluntary simplifiers)'로 거슬러 올라간다. 당시 서구 사회에서는 쾌락적 물질적 소비에 대해 반성하고 정신적 가치를 중시하며 느린 생활을 지향하는 슬로(slow) 트렌드가 나타나기 시작했다. 미국에서는 빠르게 변화하는 환경 속에서 정신적 여유와 단순한 생활을 추구하는 슬로비(slobbie)족이 등장했고, 유럽에서도 사회적 성공을 쫓아 바쁘게 살아가는 일상에서 벗어나 생활의 속도를 저속 기어로 바꾸는 다운시프트(downshift)족이 부상했다.

　상업적 마케팅과 집단적 유행에 민감하게 반응하던 한국 소비자들 사이에서도 자신만의 삶의 방식을 지키거나 사회적 가치를 우선시하는 성향이 확산되었다. 기업의 공격적인 마케팅으로 인한 피로감과 스트레스도 커졌다. 장기간의 저성장기를 겪게 되자 검소하고 절제된 생활을 택하는 비자발적 단순주의자들도 늘어났다. 이들은 실용성을 중시하고 합리적인 소비를 지향한다는 점에서 자발적 단순주의자와 유사하지만, 심리적 자원이 부족하고 내적 갈등이 크다는 점에서 차이가 있다.

　평균소비성향이 낮아진 데에는 2000년대 이후 수많은 고급 제품과 서비스를 압축적으로 경험한 소비자들이 의욕과 흥미를 상실한 이유도 있다. 명품과 프리미엄 서비스 경험이 축적되면서 웬만한 새로운 자극에 둔감해지게 되고 기업은 소비자의 구매 욕구를 자극하기가 점점 어려워졌다. 일본의 경우 소비 경험이 많은 50세 이상 상류층과 중산층의 40% 이상이 "돈은 있지만 별로 필요하지 않은 것은 사지 않는다"고 응답했고 "돈은 있지만 원하는 것이 별로 없다"고 말한 비중도 상류층은 43%, 중산층은 28.2%에 달했다.

　단순하고 비물질적인 생활을 추구하는 소비 성향은 젊은 층에서 더욱 심화될 것으로 보인다. 불황이 소비에 미치는 영향에 관한 연구에 의하면 경제 침체기에 민감한 청소년기를 겪은 소비자일수록 풍요로운 시기를 보낸 소비자에 비해 물질적 욕구보다 공존과 검약의 중요성을 크게 인식하는 것으로 나타난다. 예를 들어 불황기에 청소년기를 보낸 성인 소비자는 다른 세대에 비해 빈곤층을 위해 육식을 줄이려 하고 고급 자동차보다 대중교통을 선호하는 경향이 더 높은 것으로 조사되었다. 소비의 사회적 가치를 중시하는 데다 자의반 타의반 검약 생활이 몸에 밴 현재의 청소년층은 성인이 되어서도 절제와 공존을 중시하는 소비 패턴을 유지할 가능성이 크다.

하류 시장, 전략적 대응이 필요

기업은 하류화를 정책적 이슈나 주변적인 현상으로 바라보기보다는 전략적으로 대응해야 하는 소비 시장의 메가트렌드로 인식해야 한다. 물론 진귀하고 기억에 남을 만한 강렬한 경험을 제공할 수 있다면 초고가 전략도 승산이 있다. 서양식 고급 크루즈 여행을 기차 여행으로 변형시켜 호화 열차를 타고 최고급 온천과 식당 등을 방문하는 일본 JR그룹의 '나나츠보시 인 규슈(Cruise Train Seven Stars in Kyushu)'가 좋은 사례다.

성숙한 소비 시장에서의 하류 마케팅은 상품의 질과 가격을 떨어뜨리는 저가 마케팅과 다르다. 고유의 정체성은 유지하되 고객 니즈에 대한 정확한 이해를 바탕으로 불필요한 혜택과 거품을 최대한 제거하는 단순함이 핵심이다. 제품 본질에 충실하면서도 개성을 갖춘 스와치나 이케아는 저가 브랜드도 꾸준히 사랑받을 수 있음을 보여준다. 일본에서는 독특한 제품을 보물처럼 찾는 재미

최고급 가구와 전문 가이드, 전문 쉐프가 있는 초호화 열차 나나츠보시 인 규슈의 모습이다.

를 선사하는 할인점 돈키호테가 큰 인기를 끌고 한국에서도 저비
용 생산 시스템으로 만든 초저가 남성 정장이 가격과 품질 면에서
모두 호평받고 있다. 전 세대를 아울러 심리적 여유와 소비 욕구
를 상실한 소비자가 늘어나는 지금, 기업은 상류 시장만을 지향하
는 프리미엄 전략 일변도에서 벗어나야 한다.

경제 성장기에는 자신감에 찬 소비자들의 자부심을 강조하는 마케팅이 효과적이라면, 저성장기에는 무기력한 마인드 푸어 소비자들의 자존감을 회복시켜주는 노력이 필요하다. 유명 브랜드와 고급 상품에 대한 욕구가 증폭되는 신흥 시장에서는 보급형 명품 격인 매스티지 상품으로 대중의 욕구를 충족시킬 수 있지만, 같은 방식으로 성숙한 소비 시장에서 하류화되는 중산층 소비자들의 마음을 사로잡을 수는 없다. 이들은 고급 브랜드의 저가 모델이나 세컨드 브랜드를 선택하기를 주저한다. 자신감은 잃었어도 자신이 지향하는 라이프스타일에 대한 기대와 자존감은 여전하기 때문이다.

오히려 독특한 개성과 철학을 지닌 브랜드들에 더 큰 호감을 보인다. 이케아, 유니클로는 초저가임에도 경쟁사와 비교할 수 없는 가치를 제공함으로써 다양한 계층으로부터 사랑받는 브랜드로 자리잡았다.

무엇보다도 스스로를 평균 이하의 인생이라고 비관하거나 무력감에 빠진 소비자들의 단조로운 소비 생활에 변화를 주고 더 나은 삶을 제안할 수 있어야 한다. 경제적 부담은 가능한 축소하되 소비 과정 전반에 걸쳐 경험 가치를 극대화하는 것이 중요하다. 정보력은 물론 기획력과 실행력까지 갖춘 소비자들이 스스로 주도적으로 이상적인 생활을 창조할 수 있는 기회를 제안할 수 있어야 한다. 네슬레 네스프레소의 성공은 바리스타가 추출한 풍부한 에스프레소를 누구나 집에서 직접 만들고 맛볼 수 있다는 경험 가치를 발굴한 결과였다. 물론 그 기저에는 네스프레소 기기 가격이 최고급 에스프레소 머신의 10% 수준이고 스타벅스 커피 한 잔 값으로 네스프레소 캡슐을 5개 이상 구매할 수 있다는 경제적 가치의 역할이 컸다.

고객을 기획자이자 제작자로 만들고 고객의 수고를 더해 상품의 총체적 가치를 높이는 DIY 방식은 다양한 영역으로 확장할 것으로 예상된다. 미국에서는 수년 전부터 유명 셰프의 메뉴를 직접 집에서 요리할 수 있도록 식재료와 레시피를 배달해주는 블루 에이프런(Blue Apron)이 큰 인기를 끌고 있다. 고급 식당에서 먹는 비용의 절반 이하라는 경제적 혜택에 셰프가 되어 양질의 식재료로 멋진 음식을 요리하고 가족과 함께 즐긴다는 경험이 더해져 가치가 극대화된

소비자가 쉽고 간편하게 에스프레소를 추출할 수 있게 만든 네슬레 네스프레소.

전문 쉐프의 요리에 들어가는 재료를 각각 포장하여 배달해주는 블루 에이프런이다.

다. 저렴한 편의점 도시락과 최고급 레스토랑의 물리적 절충이 아니라 완전히 새로운 경험 가치를 창조한 것이다.

또 저성장기에는 물질적 욕구가 충족되기 어려운 만큼 사회적 관계에 대한 욕구가 커진다. 큰 규모의 소비는 어려우니 작은 사치(small luxury)를 추구하는 젊은 층이 많아지고, 특히 사람과 사람을 연결시켜주는 제품이나 서비스에 대한 니즈가 커질 것이다. 처음 맛보는 이색적인 음식, 실속 있는 수입 자동차, 허름하지만 운치 있는 뒷골목 카페처럼 합리적으로 즐기는 새로운 경험을 제공할 수 있어야 한다.

소비 시장의 정체기는 기업들의 마케팅 경쟁력과 고객 관계의 수준이 적나라하게 드러나는 시험 기간이다. 시험을 잘 통과하기 위해서는 일순간 달아오르는 소비 열풍을 기대하기보다는 서로가 더 나은 존재로 발전할 수 있는 방안을 찾기 위해 노력하는 것이 중요하다. 단기적인 수익 창출에 급급하기보다 소비자 삶의 질 향상이라는 궁극적인 목표를 지향하는 것이 바람직하다. 언젠가는 찾아올 소비 시장의 해빙기, 상류화의 물결에 대한 대비인 셈이다.

PART 02

뉴노멀 시장에 통하는
역발상 마케팅

얼마 전 한국의 한 유명 셰프는 간판 없는 식당을 운영하는 이유에 대해 "식당이 찾아오기 어려운 곳에 있는데 찾아주시는 손님에게 모든 정성을 다하기 위해서"라고 말해 호응을 얻었다. 간판이 없는데도 어렵게 찾아온 고객이 만족할 정도면 자연스럽게 알음알음 입소문이 나고 어느 순간 SNS를 통해 '꼭 가봐야 할 맛집'으로 등극되어 대중들의 발길이 끊이지 않게 된다. 수백 년 역사를 지닌 글로벌 명품 브랜드, 대를 이으며 단골 고객을 맞이하는 동네 작은 가게의 공통점은 묵묵히 자신들만의 전통과 철학, 신조를 지켜왔다는 것이 아닐까.

개성과 취향이 뚜렷한 소비자들이 많아지고 SNS 서비스가 확산되면서 상품 혜택과 기업 강점을 크게 외치는 샤우팅(shouting) 마케팅의 효과는 점점 줄어들고 있다. 굳이 적극적으로 이름을 알리고 구애하지 않아도 고객들은 상품 가치를 정확하게 이해하고 자신이 원하는 브랜드를 선택한다. 더욱이 크고 작은 변화가 일상이 된 뉴노멀 시대에는 요란한 고객 쟁탈전에 휩쓸리기보다 제품이나 기업이 추구하는 소신에 이끌려 찾아오는 고객을 성의 있게 맞이하는 자세가 필요하다.

시장이 확대되는 성장기에는 소비자의 감성과 감각을 자극하는 화려한 미사여구가 넘쳤다. 기업은 물론 개인도 자신의 몸값을 올리기 위해 활발하고 적극적으로 행동하는 외향적 성향이 바람직하게 여겨지던 때였다. 반면 수줍음을 타는 내향성은 고쳐야 할 약점으로 인식되었다. 그러나 개인의 취향이 중시되고 넘치는 정보가 스트레스로 작용하는 오늘날 시장에서는 공격적인 마케팅은 오히려 노이즈로 작용하기 쉽다. 화려하고 강렬하게 자신을 포장해야 한다는 고정관념을 버리고 고객이 먼저 제품과 기업을 발견하고 찾아오도록 하는 내향적(inbound) 전략을 고려할 때다.

한편 인지도가 높은 기업, 정체성이 뚜렷한 브랜드가 변신을 시도할 때는 자신의 이름과 로고를 숨기거나 노출을 최소화하는 디브랜딩(de-branding) 전략이 훌륭한 대안이 될 수 있다. 디브랜딩은 소비자들이 기업에 대한 선입견 없이 상품의 가치나 메시지의 핵심에 주의를 집중하도록 만든다. 뿐만 아니라 과다 마케팅으로 혼잡해진 시장에서 역발상적으로 절제와 침묵을 선택함으로써 차별화된 가치를 전달할 수 있다. 스타벅스, 코카콜라, 앤하이저부시인베브(AB InBev) 등 조용한 변신을 추구하기 위해 디브랜딩을 시도한 글로벌 선두업체들의 성패를 눈여겨봐야 한다.

때로는 상품의 단점을 당당하게 인정하거나 우리 브랜드를 싫어하는 혐오 고객을 외면하지 않는 '미움받을 용기'도 필요하다. 상품이나 브랜드에 대한 호불호가 분명한 고객들의 대립 구도를 설정하면 집단 극화(group polarization) 현상으로 인해 옹호 고객의 사랑이 더욱 깊어지는 효과를 거둘 수 있다. 작지만 강한 브랜드로 성장하기 위해서는 누구에게도 비난받지 않는 무난한 상품을 만들고 무조건 우리 제품을 선택해달라고 애원하기보다 혐오 고객에게 악평을 받을지라도 충성 고객이 열광하는 가치에 집중하는 편이 낫다.

예측이 어려운 경영 환경 속에서는 자칫 무시하기 쉬운 사소한 차이에도 주목해야 한다. 제품과 마케팅의 획기적인 변화에 익숙해진 소비자들은 이제 웬만한 자극에는 만족하지 않는 내성을 지니게 되었다. 오히려 고객도 기업도 스스로 인식하지 못했던 불편함을 제거해주는 작은 아이디어가 고객 만족과 업무 능률은 물론, 기업 수익과 평판에 파격적인 성과를 가져다줄 수 있다. 또 제품 혜택을 늘어놓는 직접적인 설득보다 팔꿈치로 슬쩍 밀듯이 행동을 변화시키는 넛지 마케팅도 바람직한 소비 생활을 유도하는 데 효과적이다.

내향적 마케팅: 화려함 대신 겸손함 보여라

매년 채용 시즌이 되면 수많은 지원자들이 '나'를 파는 경쟁을 치른다. 언변이 좋고 활발한 지원자가 유쾌한 첫인상으로 합격할 확률이 높지만 그 가치가 항상 유지되는 것은 아니다. 외향적인 사람은 남의 말을 경청하거나 한 가지 일에 집중하는 편이 아니기 때문에 함께 일할 팀원으로는 그다지 만족스럽지 않다는 연구 결과도 있다. 오히려 남에게 폐 끼치지 않을까 걱정하는 소심하고 내성적인 사람이 더 나은 성과를 낸다는 것이다.

아인슈타인, 워런 버핏, 마크 저커버그는 사람들과 어울리기보다 집에서 혼자 지내기를 좋아한다는 공통점이 있다. 모두 수줍음이 많고 내성적인 성격의 소유자들이다. 외향성이 선호되는 사회에서 과소평가되고 있는 내향성에 주목하고 그 잠재력을 설파한 수전 케인(Susan Cain)의 저서 『콰이어트(*Quiet*)』가 2012년 베스트셀러로 등극한 바 있다. 성공한 리더가 공유하는 내향성은 소란스러운 마케팅 경쟁이 벌어지고 있는 오늘날 브랜드가 지녀야 할 품성이기도 하다.

내향성이 외향성보다 좋은 이유

내향적인 사람은 행동에 앞서 충분히 생각한다. 위험 요소가 있으면 과감하게 결정하기보다 꼼꼼하게 상황을 파악한다. 판단하는 데 시간이 걸리는 대신 신중하고 안전한 선택을 하기 때문에 실패 확률이 줄어든다.

빨리 결정하고 먼저 나서는 기업은 시장을 선점하고 상징적인 이미지를 얻는 이점을 누리지만 성공을 유지하기는 쉽지 않다. 서던캘리포니아 대학의 텔리스(Tellis) 교수는 선발 기업(first mover)이 10년 이내에 실패할 확률이 47%인데 반해 후발 기업의 실패율은 8% 수준이라는 연구 결과를 발표했다. 선발 주자의 실패 원인으로는 시장에 대한 충분한 이해 없이 미숙한 전략으로 달려든 성급함이 꼽힌다. 또 선발 기업은 소비자들이 처음 접하는 상품을 홍보할 때 많은 자금을 쓰는데, 이 때문에 초기에 폭발적인 수요가 형성되지 않는 한 특별한 이점을 누리기 어렵다.

신중하게 접근하는 기업은 시장 선점의 기회를 놓칠지라도 완성도 높은 계획으로 역전의 주인공이 될 수 있다. 시장 상황을 면밀하게 분석하고 선발 주자들의 시행착오를 학습하며 최적의 전략을 준비할 수 있기 때문이다. 또한 후발 기업은 제품 카테고리를 새롭게 정의해 경쟁의 룰을 재설계하는 기회도 가지게 된다.

푸마, 후발 주자의 성공 스토리

스포츠 브랜드 푸마는 2006년 인도 시장에 진출했다. 나이키보다 4년, 아디다스보다는 무려 11년이 늦은 시작이었다. 선발 기업들이 기능성 스포츠 용품 시장을 집중 공략한 것과 달리 푸마는 '합리적인 가격대의 라이프스타일 브랜드'로 자리 잡겠다는 목표를 세웠다. 2012년 업계 1위 아디다스가 84억 루피의 매출을 올릴 때, 푸마의 매출은 52억 루피에 머물렀다. 푸마의 마케팅 담당자는 두 가지 대안을 두고 고민에 빠졌다. "대대적인 할인으로 빠른 확장을 꾀할 것인가, 느리더라도 애초의 전략을 유지할 것인가."

푸마는 후자를 택했다. 패션과 문화적 감성을 추구하는 인도 젊은이들이 증가할 것이라는 확신이 있었기 때문이었다. 매년 인도 대도시에서 공연을 개최하고, 인디 밴드의 LP 음반 제작을 후원하는 '푸마 러브스 바이닐(Puma Loves Vinyl)' 프로젝트를 시작했다. 벵갈루루에는 라이브 음악을 즐길 수 있는 '푸마 소셜 클럽

젊은 층들이 음악을 즐길 수 있도록 만든 푸마 소셜 클럽의 모습이다.

(Puma Social Club)'을 오픈했다. 제품 가치를 호소하는 전통적 마케팅이 아닌 문화적 공감대를 바탕으로 인도 젊은이들에게 자연스럽게 접근하는 은밀한 방식을 택한 것이다.

매장 확장도 신중하게 판단했다. 유통 시장이 포화 상태라고 판단한 푸마는 단지 수를 늘리기 위한 매장 오픈은 하지 않는다는 원칙을 세웠다. 인도에서 아디다스가 750개, 나이키가 3000개 이상의 판매처와 거래하는 데 반해 푸마의 매장은 430여 개 정도다. 최근 3년간 경쟁 기업들은 수익성이 악화돼 수많은 매장을 철수했지만 푸마는 단 6개를 정리하며 실리를 챙겼다.

2014년 푸마는 인도에서 매출 76억 6000만 루피로 업계 1위를 차지했다. 아디다스(71억 9000만 루피), 나이키(62억 4000만 루피)를 제쳤을 뿐 아니라 토털 패션 업체 베네통(59억 4000만 루피), 자라(58억 루피)를 크게 앞질렀다. 또 운동화 판매가 전체 매출의 대부분을 차지하는 경쟁 브랜드와 달리 신발 52%, 의류 38%, 액세서리 10%의 매출 구성을 이뤄 라이프스타일 브랜드의 면모를 갖췄다.

선발 기업들이 공격적인 확장으로 성장의 한계에 다다르는 동안 푸마는 침착하게 시장을 관찰하고 기다리면서 라이프스타일 브랜드라는 새로운 분야를 정립했다. 최후 진입자(last mover)라는 핸디캡을 오히려 강점으로 전환시킨 현명한 판단이었다.

조용히, 섬세하게 접근하라

말수가 적고 할 말이 있을 때만 나서는 성향도 브랜드가 지녀야 할 덕목이다. 감성적인 젊은 소비자들이 기업과의 대화를 즐길 것이라고 생각하면 오산이다. 자신이 원하는 시공간에서 소비하기를 원하는 이들에게 주변에 어슬렁거리며 간섭하는 브랜드는 불쾌한 존재일 뿐이다.

네이버, 유튜브 같은 인터넷 매체는 5초, 15초 등 일정 시간이

시나면 광고를 중단히고 콘텐츠를 바로 볼 수 있도록 하는 '건너뛰기' 기능을 도입했다. 소비자에게 광고를 거부할 수 있는 선택권을 준 것이다. 건너뛰기를 당하지 않기 위한 기업의 노력은 처절할 정도다. LG유플러스 광고에서는 모델이 "건너뛰기를 누르는 손은 나쁜 손", "내가 이거 설명하려고 몇 시간 촬영한 줄 알아요?"라며 어르거나 화를 내기도 한다.

소셜미디어를 통해 수많은 사람들과 쉽게 대화할 수 있지만 실수를 저지를 가능성도 크다. 미국의 패션 기업 아메리칸어패럴(American Apparel)은 2014년 독립기념일을 맞아 멋진 불꽃놀이 사진 한 장을 SNS에 올렸다가 소비자들의 공분을 샀다. 사진 속 장면이 1986년 챌린저 호 폭발 사고의 비극적인 순간이었기 때문이다. 회사 측은 "사고가 발생한 후에 태어나 제대로 알지 못한 젊은 직원의 실수였다"고 해명했지만, 개인에게 책임을 떠넘기는 모양새와 고객과의 소통을 가볍게 여기는 태도에 대한 비난 여론은 쉽게 가라앉지 않았다.

유쾌한 분위기를 즐기는 외향적인 사람에 비해 내향적인 사람은 부정적 상황에 더욱 민감하다. 누군가 화가 나 있다는 것을 느끼면 신경이 쓰이고 걱정된다. 기업도 소비자의 칭찬만큼이나 그들의 불만과 반감에 주의를 기울여야 한다. 네슬레는 2012년 SNS

전략의 타깃을 '팬 고객'이 아닌 '반감 고객'으로 전환하며 제품과 기업에 대한 불만을 집중적으로 감지하는 디지털촉진팀(Digital Acceleration Team)을 신설했다. 스위스 본사에 위치한 이 팀은 전 세계 650여 개의 SNS에 올라오는 콘텐츠를 실시간으로 모니터링한다. 소비자들이 남긴 메시지에서 일정 기준 이상의 부정적 표현이 발견되면 '코드 레드(Code Red)'가 작동된다. 최근에는 한 파키스탄 소비자가 "네슬레가 파키스탄에서 생산하는 생수는 가난한 지역 주민을 위한 것이 아니다"라는 글을 올리자, 2시간이 채 되기 전에 CEO 피터 브라벡(Peter Brabeck)이 "우리는 파키스탄 공장의 지역 주민 1만 명 이상이 마실 수 있는 생수 공급 계획을 추진 중"이라고 직접 응답하기도 했다.

고객이 먼저 찾아오는 브랜드

자기주장에 집착하지 않고 실수나 한계를 인정하는 겸손함도 가져야 한다. 세계 최고의 엘리트 군단 구글은 반대되는 의견이나 새로운 정보를 받아들일 줄 아는 '지적 겸손(intellectual humility)'을 채용의 주요 기준으로 삼는다. 얼마 전 새 CEO로 지명된 순다르 피차이(Sundar Pichai)도 웬만해선 나서지 않는 겸손한 성격을 가진 리더로 유명하다. 막강한 파워를 지닌 브랜드일수

톡 나르시시즘을 주의하고 직원들의 몸에 밴 겸허함이 상품과 서비스를 통해 우러나오도록 해야 한다.

미디어를 능수능란하게 사용하는 신세대는 이전 세대보다 훨씬 냉정하고 실리적인 소비자들이다. 언제 어디서나 원하는 정보를 구할 수 있는 이들은 기업의 메시지보다 전문가나 지인의 평가를 더 신뢰한다. 마케팅 활동에 대한 기업 내부의 반응도 긍정적이지 않다. 전 세계 600개 기업의 CEO를 대상으로 한 조사에서 80%가 마케팅을 신뢰하지 않고 기업 가치와의 연관성을 찾을 수 없다고 말했다. 심지어 67%는 마케팅이 창조적 측면만 강조하다 보니 필요 이상으로 예술적이고 화려한 광고만 양산해 원칙을 잃어가고 있다고 답했다.

묵묵히 자기 일에 집중하면서도 남의 불편함에는 예민하게 반응하고 다른 의견을 겸허하게 받아들이는 사람은 굳이 애쓰지 않아도 능력을 인정받는다. 내향성은 경쟁 사회로 치닫기 전 점잖음과 공손함을 미덕으로 여겼던 한국인의 품행이기도 하다. 공격적인 마케팅보다 자연스럽게 형성된 호평이 더 큰 영향력을 발휘하는 시대다. 화려한 퍼포먼스와 자기 자랑은 내려놓고, 고객이 먼저 제품과 브랜드를 발견하고 찾아오도록 하는 내향적 마케팅을 고려할 때다.

02
디브랜딩: 유명해지고 싶다면, 침묵하라

삼성전자가 일본 시장에 출시한 갤럭시 S6에는 'SAMSUNG' 로고가 없다. 스마트폰 본체는 물론 무선 충전기 등 액세서리에도 제품명 'GALAXY'나 통신사 이름만 새겨져 있다. 일본에는 자국 기업에 대한 자부심이 강해 미국이나 유럽을 제외한 해외 제품 구매를 꺼리는 소비자가 많다. 한 수 아래로 여겼던 이웃 나라 기업의 최첨단 기기를 들고 다니는 것이 자존심 상한다고 생각하는 사람도 있다. 역사적, 문화적 갈등이 증폭되는 사회 분위기도 한국 기업에게 호의적이지 않다. 수십 년간 쌓아온 브랜드 명성과 한국 대표 기업이라는 상징성이 역효과를 부르는 아이러니한 상황이다. 2014년 일본 스마트폰 시장 점유율이 4%대에 그쳤던 삼성전자가 입지를 넓히려고 시도한 전략이었다.

버드와이저와 코로나 등을 보유한 세계 최대 맥주 기업 앤하이저부시 인베브의 행보도 이와 유사하다. 미국에서 독특한 맛과 향을 지닌 수제 맥주가 인기를 끌자 이 회사는 시카고의 '구스 아일랜드', 뉴욕의 '블루 포인트 브루잉' 등 소규모 맥주 업체를 적극적으로 인수했다. 그러나 이들 맥주 라벨에 'AB 인베브'라는 이름을 넣지 않았다. 특별한 체험을 기대하며 개성 있는 맥주를 찾는 소비자에게 버드와이저 같은 대중적인 맥주와 한 가족이라는 사실을 알리고 싶지 않았기 때문이다.

회사 이름을 꼭꼭 숨겨라

기업은 때때로 자신의 이름을 숨기거나 최소한으로 노출시키는 디브랜딩 전략을 취한다. 최대한 많이 드러내고 소비자의 마음에 강하게 각인시키려 하는 일반적인 마케팅 전략과 상반된다. 유명 브랜드는 그 이름 자체만으로도 연상되는 상징적인 이미지가 있다. 그래서 제품 특성이나 경영 방식 등에 관한 고정관념이 형성되기 쉽다. 이는 소비자들에게 선입관을 가지게 해 상품 가치 평가에 장애 요인이 되기도 한다. 높은 인지도와 명성이 가져오는 성공만큼 제한도 커지는 것이다. 이럴 때에 디브랜딩 전략은 '누가(who)'가 아닌 '무엇(what)'을 부각시켜 기업이 아닌 제품, 서비스, 메시지 자체에 집중할 수 있도록 만든다.

특히 브랜드에 대해 무관심하거나 반감을 지닌 고객의 태도를 바꾸고 새로운 관계를 시작하려면 직설적인 주장보다 우회적인 화법이 효과적이다. 부정적 신념이 확고한 소비자는 기업의 메시지에 주의조차 기울이지 않기 때문이다.

2000년대 중반 대영박물관은 박물관에 호감을 가지고 있지 않은 시민들에게 박물관의 가치를 제대로 알리기 위한 방안을 모색했다. 그리고 '누가' 메시지를 전달하는지 알아차리지 못하도록 박물관 로고를 제거한 광고를 제작하기로 했다. 광고는 베스트셀러 『성공한 사람들의 7가지 습관』을 빗대 '성공한 과대망상증 환자들의 7가지 습관'이란 제목을 붙여 만들어졌다.

공중 화장실의 배설물을 가져가는 양모 가공업자에게 '소변 세금'을 매긴 로마 황제 베스파시아누스부터 줄리어스 시저, 윈스턴 처칠의 알려지지 않은 습관에 관한 긴 글을 흥미롭게 읽다 보면 맨 마지막 문장에서야 더 많은 스토리가 대영박물관에서 기다리고 있다는 내용이 나온다. 보는 이의 몰입도를 높여 메시지를 충분히 전달한 후 이야기의 화자가 누구인지를 보여주는 식이다. 이 광고 덕분에 대영박물관에 관심이 없던 소비자들의 방문 의향이 크게 높아졌다고 한다.

'침묵의 방' 효과

디브랜딩은 '침묵의 마케팅'이기도 하다. 수많은 브랜드가 주목을 끌기 위해 경쟁하는 혼잡한 시장에서 한발 뒤로 물러서 조용히 기다린다는 의미에서다. 과도한 마케팅으로 인한 낭비와 피로를 깨닫고 절제와 평온함의 가치를 되새겨보자는 취지에서 디브랜딩이 활용되기도 한다.

침묵 마케팅의 역사는 1909년 영국의 셀프리지 백화점이 시도한 '노 노이즈(No Noise)' 프로젝트로 거슬러 올라간다. 창업자 해리 고든 셀프리지(Harry Gordon Selfridge)는 매장 한편에 '침묵의 방(Silence Room)'이라는 공간을 마련했다. 방문객들이 혼란스러운 쇼핑의 소용돌이를 벗어나 고요 속에서 에너지를 충전할 수 있도록 만든 방이었다.

2013년 셀프리지 백화점은 지금이야말로 '노 노이즈'가 필요하다는 취지에서 침묵의 방을 부활시켰다. 매장의 소음과 북적거림은 물론 21세기 문명의 방해물에서 벗어날 수 있도록 신발이나 휴대폰을 라커에 두고 입장하는 것을 원칙으로 했다. 동시에 미니멀리즘에 대한 경의를 표하는 의미로 '조용한 매장(Quiet Shop)'을 선보였다. 리바이스, 하인즈 등 유명 브랜드들이 참여한 디브랜디드(de-branded) 제품 컬렉션이 소개되었는데, 이 제품들은 지

복잡한 쇼핑 공간을 벗어나 고객들이 쉴 수 있는 '침묵의 방'이다.

금도 수집가들 사이에서 온라인 경매에 붙여지곤 한다.

　뚜렷한 정체성을 지닌 기업이 변신을 시도할 때에도 디브랜딩은 효과적이다. 2009년 스타벅스는 커피 이외의 음료로 사업 다변화를 추구하는 과정에서 주류(酒類) 시장 진입을 고려하게 되었다. 커피 사업이 낮 시간에 집중했다면, 알코올음료 사업은 고객들의 밤 시간을 채워줄 수 있다는 논리였다. 스타벅스는 시애틀 캐피톨힐에 '15번가 카페(15th Avenue Coffee & Tea)'라는 가게를 열고 가벼운 음식과 함께 맥주, 와인을 팔기 시작했다. 이 매장에서는 초록색의 스타벅스 로고를 찾아볼 수 없었다.

　밤이면 시를 낭송하거나 라이브 음악을 연주하는 낭만적인 분위기를 연출했다. 스타벅스는 이런 '인디' 콘셉트의 매장을 하나 더 개장했고, 두 곳을 '학습실(learning lab)'이라 불렀다. 낮에는 에스프레소를, 밤에는 맥주를 판매하는 실험에 대한 시장의 반응을 학습한다는 의미였다. 이후 스타벅스는 맥주와 와인 그리고 간단한 식사를 제공하는 '스타벅스 이브닝(Starbucks Evenings)' 사업을 미국 20여 개 매장에서 실행하다 2015년부터는 영국으로 확장했다. 물론 지금은 스타벅스 로고를 사용한다.

기업이 자신을 내려놓으면 고객이 주인공이 되어 스토리를 만들어갈 수 있다. 고객의 능동적인 참여를 이끌어내면 제품 활용성이 높아지고 애착 관계가 형성된다. 코카콜라는 2014년 콜라병에 '코카콜라' 대신 크리스, 제시카 등 미국에서 가장 많이 쓰는 250개의 퍼스트네임을 새겨 판매하는 '코카콜라 나누기(Share a Coke)' 캠페인을 벌였다. 자신은 물론 친구나 가족의 이름이 새겨진 콜라를 선물하며 즐거움을 나누자는 취지였다.

수많은 젊은이들이 SNS를 통해 '나의 콜라'와 함께 한 사진을 퍼뜨렸고, 원하는 이름을 찾느라 수십 개의 매장을 돌아다니는 소비자들도 나타났다. 2000년대 들어 꾸준히 하락세를 보이는 미국 탄산음료 시장에서 코카콜라는 2014년 매출이 전년 대비 19% 증가하는 성과를 거뒀다. 자신만의 상품을 소유하고 자신을 표현하기 원하는 젊은 소비층의 욕구를 만족시킨 결과였다.

2015년에는 이름을 1000개로 확장한 캠페인을 벌였다. 독특한

한국에서 코카콜라는 이름 대신 소비자들을 응원하는 메시지를 넣어 판매했다.

이름을 지닌 소비자는 온라인으로 '맞춤 콜라'를 주문할 수도 있다. 한국에서는 이름 대신 '우리 가족', '친구야', '사랑해', '잘될 거야' 등의 단어를 사용해 소비자가 상황에 맞춰 메시지를 전달할 수 있는 방식으로 실행됐다. 이 캠페인은 최근 수년간 코카콜라는 물론 소비재 기업들이 진행한 마케팅 캠페인 중 가장 큰 성공 사례로 꼽힌다.

진정성과 겸손함이 필수

디브랜딩 전략을 고려할 때는 이중적이거나 위선적으로 보일 수 있음에 주의해야 한다. 영국에서는 커피 장인이 운영한다는 입소문이 퍼지며 인기를 끈 카페 체인 '해리스+홀(Harris+Hoole)'이 실상은 거대 유통업체 테스코의 소유라는 사실이 밝혀지자 많은 소비자들이 '충격적이고 배신감을 느낀다'며 강한 실망감을 표했다. 앤하이저부시 인베브는 미국 맥주 양조협회로부터 소규모 업체가 만든 것처럼 속인 '가짜 수제 맥주'를 판다는 비난을 받기도 했다.

대형 브랜드에 대한 규제와 반감이 강한 한국 시장에서는 더 민감한 반응이 나타날 수 있다. 디브랜딩은 단순한 눈속임 전략이 아닌, 상품이나 사업의 본질적 가치를 평가받고 소비자 참여를 유도하는 투명한 목적으로 활용되어야 한다. 스타벅스는 '15번가 카페'를 오픈하면서 창문에 '스타벅스로부터 영감을 얻은(inspired by Starbucks)'이라는 문구를 써넣었다. 많은 소비자들이 카페의 배후에 누가 있는지를 알았고 회의적으로 반응하는 사람도 있었지만 수년간 신사업 아이디어를 검증하는 실험에 충실한 결과 소기의 성과를 거뒀다.

진정한 디브랜딩은 브랜드 가치와 철학 그리고 품질에 대한 확신이 뒷받침된 자신감의 표현이다. '가진 자만이 누릴 수 있는 여유'인 셈이다. 그만큼 파워 브랜드의 계급장을 떼어내고 소비자의 눈높이에 맞춰 소통하려는 겸손한 마음가짐이 전제되어야 한다.

빅 브랜드는 기업과 소비자들의 존경과 선망의 대상이지만 거대한 파워를 지닌다는 사실만으로 질시와 회피의 대상이 되기도 한다. 골목길 작은 가게의 단골 고객들은 대형 프랜차이즈의 진출을 앞장서서 반대하고, 글로벌 브랜드가 등장할 때 동네 레스토랑과 미용실에 더 높은 충성도를 보여주는 사람들도 많다. 골리앗과 다윗의 불균형적인 경쟁 상황에서 약자의 손을 들어줌으로써 자신의 의지와 가치를 표현하려는 것이다. 이처럼 구매자로서의 권한을 이용해 자신의 관점을 드러내고 시장을 변화시키려는 행동을 '정치적 소비(politicized consumption)'라 한다. 이상적인 모습의 시장과 사회를 실현하기 위한 정치적 소비는 주로 반대하는 기업의 상품을 거부하는 보이코팅(boycotting)과 지지하는 브랜드와 제품을 의도적으로 구입하는 바이코팅(buycotting)을 통해 이루어진다.

조지타운 대학 파하리아(Paharia) 교수는 기업 간 경쟁 구도와 정치적 소비의 관계를 파악하기 위한 실험을 진행했다. 전국적으로 점포를 거느린 아이스크림 체인과 동네의 작은 아이스크림 가게를 각각 제시하고 상품 가치가 유사하다고 가정했을 때 참여자들은 비슷한 수준의 방문 의사를 보였다. 그러나 두 점포가 경쟁하는 상황이 되자 작은 가게를 방문할 의향이 유명 브랜드 매상보다 훨씬 높아졌다. 경쟁이 없을 때는 제품과 서비스의 실질적 가치 평가로 구매를 결정했지만 여러 브랜드를 비교할 때는 경쟁 관계의 구도가 의사 결정을 좌우한다는 뜻이다. 즉 경쟁자 간 파워가 불균형적이라고 판단되면 소비자들은 약자를 지지함으로써 시장 구도를 변화시키려 한다.

또 다른 실험에서는 글로벌 브랜드인 스타벅스와 가상의 동네 커피숍이 경쟁하는 상황을 설정했다. 동네 커피숍이 공격적으로 경쟁에 임할 때 소비자들의 선택 의향은 차이가 없었지만 스타벅스가 적극적으로 나설 때는 작은 커피숍을 선택하는 비중이 훨씬 높아졌다. 이미 입지를 구축한 거대 브랜드가 약자 브랜드를 공격하는 상황이 되자 소비자들은 강자를 처벌하기로 마음먹은 것이다. 하버드 대학 에이브리(Avery) 교수는 대형 브랜드에 맞서는 중소 브랜드는 불균형적인 파워 관계를 통해 기대 이상의 성과를 거두는 약체 효과(underdog effect)를 누릴 수 있다고 설명한다.

그 기저에는 키 큰 양귀비 신드롬(tall poppy syndrome)이 깔려 있다. 영국, 캐나다, 호주 등 서구 사회에서 주로 사용되는 이 용어는 재능이나 성과가 유별나게 뛰어난 사람이 공격과 비난의 대상이 되는 사회적 현상을 설명한다. 키 큰 양귀비는 아무리 아름다워도 목이 잘리게 마련이라는 의미다. 같은 조직 내에서 성공한 동료를 미워하고 헐뜯는 집단적 분개와 질투를 예로 들 수 있다. 뛰어난 사람을 동경하면서 동시에 그 위상을 꺾고 싶은, 경쟁 사회 속 인간의 본능적 욕구가 작용한 결과다.

크게 성장한 기업에게 고객들은 애정과 경외심을 보이는 동시에 위압감을 느끼기도 한다. 대기업의 디브랜딩 전략은 키 큰 양귀비 신드롬을 피할 수 있는 방안이 될 수 있지만 단지 강자의 약점을 숨기기 위한 목적으로 사용된다면 신뢰를 잃고 회생할 수 없을 만큼의 위기에 처할 수도 있다. 아무런 후광 없이 순수하게 상품 본연의 가치로 경쟁하고자 할 때 시도해볼 만할 히든카드다. 동경과 질시의 대상인 빅 브랜드가 키 큰 양귀비 신세를 면하려면 무엇보다도 평소 믿음직한 맏형의 모습을 보이는 것이 중요하다.

03

양극화 브랜딩: 미워해주셔서 감사합니다

주민 신고를 받고 출동한 구조대가 급히 집 안으로 들어선다. 구조대원이 부엌 찬장 깊숙한 곳에 놓여 있는 작은 갈색 단지를 조심스럽게 꺼낸다. "이렇게 작고 가여운 아이는 처음 봤어요." 신참 구조대원은 울먹이며 단지를 케이지에 넣는다. 죄책감으로 고개를 푹 숙인 가족들을 뒤로 한 채, 대원들은 비장한 얼굴로 다음 희생자를 구하러 간다.

이들이 구해낸 갈색 병은 방치된 '마마이트(이스트로 만든 잼의 일종)'다. 마마이트 구조대(Marmite Rescue Team)가 구조한 병들은 '마마이트 보호소'로 보내져 입양을 기다린다. 새로운 가족을 만난 마마이트는 어두운 찬장 속이 아닌 밝은 식탁 위에서 사랑을 듬뿍 받으며 새 삶을 시작한다.

2014년 칸 국제광고제 황금사자상을 수상한 광고 〈마마이트를 방치해두지 마세요(End Marmite Neglect)〉의 내용이다. 영국 유니레버의 마마이트는 갈색의 진득거리는 이스트 추출액이다. 토스트에 발라먹는 용도로 주로 사용된다.

1902년 출시된 이 제품은 우중충한 색과 독특한 향, 짠맛 때문에 '도전적인 음식'으로 취급받는다. 방치된 마마이트를 구조해내고 입양까지 시킬 정도로 좋아하는 마니아들이 있는가 하면, 극단적으로 싫어하는 소비자도 많다. 팝스타 마돈나는 "마마이트를 먹어야 하는 상황이 최악의 악몽"이라고 공공연하게 말한다. 그녀는 사랑하는 딸을 위해 무엇이든 다 할 수 있지만, 마마이트 샌드위치를 제발 한입만 먹어보라는 부탁은 끝내 들어줄 수 없었다고 말했다.

열성 고객 vs. 혐오 고객, 편 가르기 전략

지난 20여 년간 마마이트는 "좋아하거나 싫어하거나(Love it or Hate it)"라는 브랜드 슬로건을 사용해왔다. 제품을 거부하는 고객층이 있다는 점을 과감하게 드러낸 것이다. 홈페이지와 블로그에서도 열성 고객만큼 혐오 고객을 주인공으로 내세운다. 마마이트를 사랑하는 소비자에게는 '마마이트로 샌드위치를 천국과 같이 만드는 방법'을, 싫어하는 소비자에게는 '샌드위치를 망치는 방식'을 알려주는 식이다. 또한 마마이트 케이크, 미마이트 파스타, 마마이트 비비큐 등 열성 고객이 직접 개발한 다양한 요리법과 음식 사진들을 자유롭게 제시하도록 해 보는 재미를 더한다.

영국에 마마이트가 있다면, 미국에는 크래프트의 미러클휩(Miracle Whip)이 있다. 미러클휩은 흰색의 걸쭉한 샐러드드레싱으로 마요네즈와 비슷하게 생겼지만 훨씬 달고 시큼한 냄새가 강하다. 2011년 크래프트는 미러클휩의 젊은 이미지를 강화하기 위해 과감한 결단을 내렸다. 독특한 맛과 향을 좋아하는 마니아 고객과 역겨워하는 혐오 고객을 정면으로 대립시킨 '양극화 마케팅'을 시도한 것이다.

미러클휩은 페이스북을 방문한 고객에게 "우리는 모두를 위한 제품이 아닙니다. 당신은 우리 편인가요?(We're not for everyone. Are you Miracle Whip?)"라고 질문하며 찬반 투표를 실시했다. 톱스타들은 물론 제임스 카빌(James Carville) 같은 유명 정치인이 참여했고, 고객들 사이에서는 뜨거운 설전이 벌어졌다. 한 열성 고객이 "내 인생 최고의 샐러드는 할머니가 만들어주신 미러클휩 감자 샐러드였다"고 말하면 혐오 고객은 "뭐라고? 그걸 먹느니 차라리 신발을 빨아 먹겠어"라고 맞받았다.

이렇게 마마이트와 미러클휩이 혐오 고객을 숨기거나 외면하기

열성 고객과 혐오 고객이 극단적으로 나누는 마마이트와 미러클휩의 광고이다.

보다 오히려 주인공으로 만드는 양극화 전략을 채택한 이유는 무엇일까?

먼저 편 가르기 좋아하는 사람들의 심리, 즉 집단 극화(group polarization) 경향을 활용하기 위해서다. 집단 극화란 처음에는 개인의 생각이나 선호도에 큰 차이가 없지만, 대립 구도가 설정되면 의견이 극명하게 갈라지게 되는 현상을 말한다. 토론이 진행될수록 참여자들은 주도권을 잡기 위해 과장된 의견과 감정을 표현하게 되고, 다른 사람들의 찬성 또는 반대 의견을 접하면서 자신의 선택을 더 옹호하거나 상대편을 더 싫어하게 되는 것이다. 또 본능적으로 집단 소속감이 발휘되어 자신이 택한 집단에 더 강한 소속감을 느끼고 적대 집단은 더 멀리 하려고 한다. 마마이트와 미러클휩은 '사랑(Love)과 혐오(Hate)'의 대립 속에서 반감 고객의 공격을 이용해 열성 고객의 사랑을 더욱 깊어지도록 한 것이다.

이 같은 전략은 빠른 입소문을 촉발해 브랜드 정체성을 확고하게 굳히고 우호적 고객을 확충하는 데 효과적이다. 유명인까지 가세한 고객들의 개인적인 스토리는 입소문으로 확산되기에 최적의 주제다. 마마이트의 경우 1990년대 첫 캠페인으로 20만 명의 팬을 확보했는데, 이들은 브랜드 홈페이지가 만들어지기 훨씬 전부터 자체적으로 마마이트 블로그를 만들어 활동하기 시작했다. 현재 공식적으로 인증된 마마이트 러버(Lover)는 50만 명, 헤이터(Hater)는 18만 명 정도라고 한다.

크래프트는 미러클휩 블로그를 통해 '먹어보지도 않고 싫어하지 말라'며 아직 제품을 경험하지 않은 소비자들에게 쿠폰과 무료 샘플을 보내준다. 주변에서 접한 악평만 듣고 혐오 고객 편에서지 말라는 뜻이다. 2011년 2월부터 1년간 실시한 투표 기간 동안 6만여 명의 소비자가 "좋아요"를 선택한 데 반해 "싫어요"를 선택한 소비자는 4000여 명에 그쳤다. 같은 기간 블로그 포스팅은 6배 이상, 매출은 14% 증가했다. 크래프트의 브랜드 매니저 루펄 파텔(Rupal Patel)은 "이번 기회를 통해 우리 제품을 혐오하는 고객도 있지만 든든한 지원군이 더 많이 존재한다는 것을 알릴 수 있었다"고 말했다.

브랜드를 대변하는 핵심 고객에 집중

직접적인 대립은 아니더라도 특정 소비자 집단을 의도적으로 배제시킴으로써 브랜드 정체성을 강화하고 핵심 고객들의 지지를 얻을 수 있다. 영국에서 사이다는 원래 블루칼라 노동자들이 맥주 대신 마시는 술, 얼음 없이 마시는 알코올음료라는 인식이 보편적이었다. 2006년 여름 사이다 제조업체 마그너스(Magners)는 얼음과 함께 즐기는 시원한 음료라는 캠페인을 펼쳐 판매가 급증하는 성공을 거뒀다. 전형적인 사이다 고객이 아닌 젊은 층과 전문직 소비자들의 관심을 끌 수 있었기 때문이었다.

이 상황을 지켜보던 경쟁업체 스트롱보우는 고민에 빠졌지만, 마그너스를 뒤쫓아 젊은 소비자들에게 다가가는 수순을 밟지 않기로 했다. 얼음을 넣어 마시는 사이다라는 전략은 신규 고객을 유인하는 데는 성공했으나 '계절 음료'라는 인식을 심어주어 날씨가 시원해지자 매출이 급감했던 것이다. 게다가 젊은 층의 음료라는 트렌디한 이미지가 기존의 노동자 소비자들로 하여금 거리감을 느끼게 만들었다. 스트롱보우는 시장 확장 기회를 놓치더라도 핵심 고객층에 더 집중하기로 결정했다.

2009년에는 고된 하루 일을 끝낸 노동자들이 말쑥하게 차려입은 신사들을 향해 "점잖은 은행가들은 꺼져!"라고 외치는 'Hard

Earned' 광고를 내보냈다. 결과는 성공적이었다. 고소득층이나 젊은이들에게는 부정적인 평가를 받았지만 전통적인 사이다 고객들 사이에서는 인기가 급증했다. 브랜드를 지지하는 고객과 꺼리는 고객의 비중이 모두 높아져 양극화는 심해졌지만 업계를 대표하는 기업이라는 입지를 다질 수 있었다. 2009년 사이다 시장이 6% 성장하는 속에서 스트롱보우는 23%의 매출 증가세를 보였다.

모두에게 사랑받으려 애쓰지 마라

기업에게도 자사 브랜드나 제품을 선호하지 않거나 비난하는 고객을 수용하는 '미움받을 용기'가 필요하다. 제품이 전달하는 가치와 브랜드 정체성에 대한 확신이 있다면 모두에게 사랑받는 브랜드가 되기 위해 애쓰기보다 때로는 원칙을 고수하고 불만을 무시하는 용기를 발휘해야 한다.

고집 세기로는 구글도 빠지지 않는다. 주기적인 설문 조사를 통해 고객들이 페이지당 더 많은 수의 검색 결과를 원한다는 사실을 잘 알면서도 여전히 10개의 결과만 보여준다. 더 많은 검색 결과는 로딩을 느리게 하고 궁극적으로 고객 체험의 질을 떨어뜨릴 것임을 잘 알기 때문이다.

모든 사람이 좋아하는 상품을 추구하다 보면 어느새 개성 없는 그저 그런 제품이 되어버리기 쉽다. 맥도날드는 정크푸드라는 비난을 피하기 위해 1991년 일반 햄버거보다 지방 성분을 91% 줄인 맥린 디럭스(McLean Deluxe)를 출시하며 대대적인 마케팅을 벌였으나 시장의 반응은 싸늘했다. 저렴한 가격으로 한 끼 식사를 맛있고 빠르게 해결할 수 있다는 실용성에 더해진 '푸짐한 햄버거와 감자튀김을 배불리 먹으며 느끼는 행복감'이라는 패스트푸드의 핵심 가치를 놓친 결과였다.

40년 전통을 자랑하는 미국의 하드 코어 아웃도어 전문업체 EMS(Eastern Mountain Sports)는 야외 스포츠를 즐기는 전문가용 상품을 취급했다. 그런데 매장을 방문하는 소비자의 요구와 불만 사항에 맞춰 일반인용 도구와 의류 등 제품 라인을 추가적으로 확장한 결과 '등산용 로프를 파는 갭(GAP)'으로 불리는 몰개성적인 브랜드가 되고 말았다.

특히 소비자의 니즈가 세분화되는 성숙기 시장에서는 평균적인 제품만 지향해서는 아무도 만족시키지 못하게 된다. 한국 맥주가 '싱겁다', '따분하다'는 악평을 받게 된 데에는 우리나라 주류업체들이 한국인의 평균적인 입맛에 맞춰 무난한 맛을 추구해온 탓도 있다. 취향이 다양해지고 개성 있는 분위기와 맛을 즐기는 문화가 확산되는 시장에서는 시원하고 잘 넘어가는 평범한

날씬한 여성용 옷만 판매하는 아베크롬비앤피치를 비판하기 위해 만든 패러디 광고이다.

맛보다는 독특한 향이나 특색 있는 맛으로 승부하는 것이 효과
적이다.

소비자에게 '노(No)'라고 말할 용기

기업은 고객의 목소리에 귀를 기울이되 그들의 요구를 따르는
것이 독이 될지 득이 될지를 판단하는 지혜를 갖춰야 한다. 최근
아이폰은 작은 화면에 대한 고집을 버린 후 잃었던 팬들을 되찾고
있다. 그렇지만 폐쇄적인 운영 방식은 고수한다. 마마이트는 역겨
움을 호소하는 소비자의 요구에도 1902년부터 사용해온 레시피
를 일절 변경하지 않는다. 대신 비타민 B가 풍부한 건강식이라는

가치를 강조한다.

물론 도리에 맞지 않는 고집은 금물이다. 미국의 캐주얼 패션 브랜드 아베크롬비앤피치(Abercrombie & Fitch)는 뚱뚱한 고객은 상대하지 않겠다며 XL 이상 사이즈의 여성 의류는 판매하지 않았다. 매장 직원도 외모가 뛰어난 백인만 고용하는 원칙에 집착했다. 그러다 결국 패러디와 불매 운동의 대상이 되었다. 판매 실적까지 부진해지자 궤변을 일삼던 CEO 마이크 제프리스(Mike Jeffries)는 2014년 말 사퇴하고 말았다. 가치 있는 원칙을 고수하는 것과 삐뚤어진 우월감은 구별되어야 한다.

불만과 반감을 지닌 고객과의 명확한 선 긋기로 열성 팬을 확보한 마마이트와 미러클휩의 전략을 모든 기업이 다 적용할 수는 없을 것이다. 분명한 것은 브랜드나 제품에 반대하는 소비자의 존재를 외면하지 말고 정면으로 마주 봐야 한다는 것이다. 복잡하고 까다로운 시장일수록 대중의 인기를 얻으려는 욕심을 버리고 원칙을 벗어난 요구에는 '노(No)'라고 대답하는 용기와 배짱이 필요하다.

혐오 고객을 대하는 세 가지 전략

중국 쓰촨 대학의 루오(Luo) 교수팀은 브랜드에 대한 소비자의 호불호를 정확하게 분석할 수 있는 '브랜드 분산(brand dispersion) 지수'를 소개했다. 가상의 브랜드 A와 B에 대한 소비자 평가 조사를 예로 들어보자. 1점(형편없음)부터 7점(매우 뛰어남)까지의 척도를 사용했을 때, A는 3, 4, 5를 받고 B는 1, 4, 7점을 받았다면 두 브랜드 모두 평균 4점으로 같은 수준이라는 결과가 나온다. 그러나 구체적으로 들여다보면 상황은 완전히 다르다. A는 평균을 중심으로 평가가 밀집된 반면, B의 점수는 넓게 분포되어 있다. 즉 B는 극단적인 열성 고객과 혐오 고객을 동시에 지닌 양극화된 브랜드다.

조사 결과를 단순화하면 의사 결정의 효율성을 높일 수는 있지만, 시장이 다양해짐에 따라 평균으로만 판단함에 따라 오류를 범하고 새로운 기회를 놓칠 가능성이 커졌다. 1, 2점을 준 소비자와 6, 7점으로 평가한 소비자 비중을 비교해 격차가 큰 경우 양극화된 시장을 어떻게 관리할지 고민해야 한다. 예를 들어 영국 리서치기관 유고브(YouGov)의 조사 결과, 맥도날드는 33%가 매우 좋아하고 29%가 매우 싫어하므로 양극화가 심한 브랜드이고, 인텔은 33%가 좋아하지만 싫어하는 비중은 3%에 그치니 무난한 브랜드로 볼 수 있다.

그렇다면 브랜드를 옹호하는 열성 고객과 브랜드를 싫어하는 혐오 고객을 동시에 보유한 기업은 어떻게 대처해야 할까? 루오 교수팀은 세 가지 전략을 제안한다.

가장 상식적인 대처는 브랜드를 못마땅해하는 고객들의 마음을 돌리도록 노력하는 것이다. 한마디로 브랜드를 꺼리는 원인을 밝혀 개선하는 것이다. 2000년대 들어 건강과 비만에 대한 관심이 높아지고 인스턴트식품에 대한 부정적 여론이 확산되자 제너럴 밀스(General Mills)의 케이크 믹스 브랜드 베티 크로커(Betty Crocker)도 비난의 대상이 되었다. 이 회사는 2009년 소셜 네트워크 마이블로그스파크(MyBlogSpark)를 오픈해 제품에 대한 불만과 요구를 적극적으로 수집하기 시작했다. 그 결과 업계 최초로 글루텐 프리 베이킹 믹스를 출시하고 지반변증 재단과 파트너십을 체결해 건강 친화적인 이미지를 구축하는 데 성공했다. 그 과정에서 혐오 고객의 비중을 2008년 4.5%에서 2011년 2.8%로 줄일 수 있었다.

두 번째는 미러클휩처럼 의도적으로 혐오 고객의 적대심을 부추기는 방법이다. 열성 고객과 혐오 고객의 대립 구도를 역으로 활용하는 방식이다. 브랜드 이미지를 상징할 만한 자극적인 이슈를 만들어 적대적 소비자들의 공격을 받으면 열성 고객들은 자신들이 애용하는 상품과 기업을 방어하기 위해 노력한다. 또 이 과정에서 관심이 없었거나 중립적인 입장을 취했던 소비자들이 열성 고객으로 전환되는 효과도 기대할 수 있다.

유럽의 저가 항공사 라이언에어(Ryanair)는 비용 설감을 위해 최대한 많은 서비스를 제거한다는 원칙을 고수한다. 고객이 공항 카운터에서 탑승권을 인쇄해야 할 경우 70유로를 청구하는 등 추가적인 서비스에 대한 극단적인 요금 책정 방식으로 악명이 높기도 하다. 2010년 라이언에어는 기내 화장실 사용을 유료화하고 과체중 승객에게 비만세를 적용하겠다는 운영 계획을 발표했다. 도발적인 제안으로 언론과 소비자들의 논란거리가 되고 질타를 받았지만, 결국에는 기내 화장실 수를 줄이는 방안을 현실화할 수 있었다. 동시에 '라이언에어는 최저가 항공료를 제공한다'는 고객들의 믿음과 기업 이미지도 더욱 강화되었다.

마지막은 브랜드 양극화를 야기하는 속성을 부각해 제품 라인을 확장하고 수익을 창출하는 것이다. 독특한 맛과 향으로 호불호가 극명하게 나뉘는 마마이트는 2010년 독특한 맛을 더 강조한 초강력 버전의 '마마이트 XO 소스'를 출시했다. 당시 SNS를 통해 마마이트 팬 30명을 선정해 시식 테스트에 초대했는데 마마이트 향의 칵테일도 함께 제공되었다고 한다. 이를 보기 위해 브랜드 홈페이지에 5만 4000명의 방문객이 모였고 페이스북은 30만 개 이상의 페이지 뷰를 달성했다. 마마이트 팬들의 기대 속에 출시된 제품은 매장에 전시되자마자 매진되는 성과를 기록했다. 많은 소비자들이 거부하는 속성을 오히려 차별화 포인트로 삼아 든든한 열성 고객의 지지를 불러일으킨 성공적인 사례다.

04

3S 마케팅: 작은 차이가 큰 변화 이끈다

남녀노소 모두 몸매 관리에 열심이다. 다이어트의 가장 큰 어려움 중 하나는 음식의 양과 영양의 균형을 조절하는 데 있다. 가령 하루 권장 채소량이 350g이라면 실제로 어느 정도 먹어야 하는지 가늠하기가 쉽지 않다는 것이다.

이런 고민을 해결해주는 상품이 등장했는데, 그 방식이 정말 간단하다. 'ETE plate'라는 이름이 붙은 접시다. 일반 접시 위에 다섯 개의 선만 그어놓은 모양새로, 필수 영양소의 비중에 따라 접시를 분할한 것이다. 밥/면, 육류/생선, 채소, 샐러드 칸에 맞춰 음식을 담으면 매 끼니 정해진 분량의 음식으로 균형 잡힌 영양분을 섭취할 수 있다. 채소, 면, 고기류가 뒤섞인 메뉴는 'mix' 칸 안에 담아 먹고, 소식을 다짐한 사람은 점선으로 처리된 'empty' 공간을 비워두면 된다.

필수 영양소의 비중에 따라 접시를 나눈 ETE plate이다.

네덜란드의 디자이너와 영양학자가 함께 개발한 이 접시는 다이어트를 위해 노력하는 많은 사람들에게 건강한 식생활의 가이드라인을 제시하고, 무엇보다도 마음의 평화를 느끼게 해준다. 비만이 걱정되는 아이들이 사용하기도 쉽고 음식물 쓰레기를 줄이는 데도 효과적이다. 이 접시는 출시 직후 매진됐다.

3S − 스마트(smart), 스위트(sweet), 세일리언트(salient)

어쩔 수 없다고 생각했던 문제가 종종 작은 아이디어로 쉽게 해결되곤 한다. 작지만 스마트하고(smart), 기분 좋고(sweet), 두드러진(salient) 차이를 발굴해 예상치 못한 큰 성과를 거둔 기업들이 있다. 버진항공(Virgin Atlantic)도 그중 하나다.

누구에게나 이코노미 클래스로 가는 장거리 비행은 유쾌한 경험이 아니다. 특히 기내식을 먹을 때면 좁은 트레이 위에서 옹색

한 자세로 나이프, 포크, 그릇을 옮기기 바쁘다. 여러 음식을 정신 없이 한꺼번에 다 먹고 나면 무슨 음식을 어떻게 먹었는지도 잘 모른다. 이는 편안함보다는 실리를 선택한 고객이 감수해야 하는 당연한 불편으로 여겨졌다.

그러나 버진항공의 생각은 달랐다. '이코노미 클래스 고객에게 는 왜 기내식을 레스토랑의 코스 요리처럼 대접할 수 없는가'라는 질문을 던진 것이다. 버진항공은 그 해답을 찾기 위해 디자인 회 사 맵(MAP)을 찾았다. 한정된 공간 내에서, 표준화된 이동식 카 트를 사용해야 한다는 제한이 걸린 쉽지 않은 과제였다.

맵이 내놓은 해결책은 의외로 단순했다. 우선 모든 음식을 한 번에 내놓지 않고 식전, 메인, 식후 요리를 차례로 제공하기로 했 다. 그러자 트레이의 크기는 가장 큰 메인 요리를 담을 정도면 충 분해졌다. 또 꽤 많은 자리를 차지하던 포크와 나이프도 슬림한 디자인으로 바꾸고 투명한 보라색을 입혀 우아한 느낌을 더했다.

트레이 가장자리에는 작은 홈을 만들었는데, 카트에서 꺼낼 때 다음 트레이가 차례대로 끌어당겨지도록 하는 고리 역할을 한다. 그러면 승무원이 다음 트레이를 찾기 위해 카트 속에서 손을 휘젓 지 않아도 되고, 그만큼 서빙 시간도 단축된다. 또한 트레이 소재 를 스펀지 고무로 바꿔 난기류를 만나더라도 식기가 고정되어 음식물이 뒤섞이지 않도록 했다. 이렇게 탄생한 콤팩트하고 정갈한 새 트레이는 승객들이 식탁 위 공간을 더 여유롭게 쓰도록 해주었고, 승무원들의 서비스 속도를 높여 '이코노미 클래스에서 편안하게 즐기는 코스 기내식'을 실현시켰다.

버진항공의 장거리 기내식에서는 제일 먼저 식전 칵테일이 나오고, 뒤이어 샐러드와 메인 요리가 놓인 트레이가 나온다. 고객이 메인 요리를 다 먹으면 트레이는 거둬가고 디너 바 서비스가 뒤따른다. 마지막으로 디저트와 커피가 제공된다. 대부분의 항공사가 가격, 운항 노선, 멤버십 서비스 경쟁에 치중할 때 버진항공은 기내식의 작은 변화로 독특한 고객 가치를 창출하는 데 성공했다. 버진항공을 이용한 한 고객은 자신의 블로그에 "이코노미 클래스를 이용했는데 코스처럼 디저트가 따로 나오는 게 신기하고 좋았다"는 경험담을 올리기도 했다.

부피를 줄인 트레이의 가치는 이뿐만이 아니다. 일반적으로 카트 한 칸에 트레이 3개를 싣는데 새 트레이는 4개를 실을 수 있다. 다른 항공사가 카트 4개를 사용할 때 버진은 3개만 쓰면 되는 것이다. 공간 활용의 효율성이 높아졌을 뿐 아니라 항공기당 무게가 평균 132kg 가벼워져 그만큼의 연료비도 절약됐다. 온실가스 배출량도 45% 줄어들었다. 결국 버진항공은 작지만 스마트한(small

버진항공 이코노미석의 코스 요리를 설명한 안내판이다.

but smart) 변화로 차별화와 비용 절감이라는 두 마리 토끼를 다
잡은 셈이다.

작은 변화가 고객 마음 훔친다

얼마 전 스타벅스는 '콜 마이 네임'이라는 서비스를 시작했다.
음료가 준비되면 고객의 이름을 불러주는 단순한 방식이지만, 사
람의 귀에 자신의 이름만큼 달콤한 소리는 없다고 하니 작지만 기
분 좋은(small but sweet) 시도라 할 수 있다. 이 서비스는 시작된

지 20일 만에 약 20만 명의 고객이 스타벅스 홈페이지에 자신의 이름이나 닉네임을 등록할 정도로 큰 호응을 얻었다.

미국과 유럽에서는 종이컵에 바리스타가 직접 손 글씨로 고객의 이름을 쓰고 불러주는데, 간혹 잘못된 스펠링으로 써진 컵을 받은 고객들이 투정 삼아 자신의 이야기를 블로그에 올려 입소문이 퍼지기도 한다. 그들의 글은 마치 불평 같지만 사실 브랜드에 대한 서운함으로 포장된 일종의 친밀감의 표현이다. 또한 그 경험 자체가 고객에게 오랫동안 잊지 못할 추억이 된다.

베인앤드컴퍼니(BAIN & COMPANY)가 362개 기업을 대상으로 고객들에게 제공하는 상품들이 우수한 가치를 지니고 있는지를 물어봤더니 80%가 그렇다고 대답했다. 그런데 362개 기업 중 고객들로부터 가치 창출을 인정받은 기업은 8%에 불과했다. 그만큼 기업과 고객의 가치 인식에 상당한 격차가 존재하고 무의미한 부분에서 무모한 경쟁을 벌이는 기업이 많다는 뜻이다.

고객에게 의미 있는 가치는 때로 기업이 고려하지 못했던 사소한 부분에서 발견된다. 자동차 매장을 나서는 고객 표정이 씁쓸한 이유는 멋진 광고를 보고 자동차를 사려고 왔는데 막상 보니 집게 발같이 생긴 조잡한 컵홀더가 눈에 거슬려 실망했기 때문일 수도 있다. 작지만 두드러진(small but salient) 가치를 놓치면 100-1은

99가 아닌 0이 된다.

글로벌 마케팅 1위 기업으로 인정받는 피앤지도 이런 실수로 낭패를 겪은 적이 있다. 일본 시장 진출 초기 피앤지는 경쟁 브랜드인 유니레버의 유니참(Unicharm)에 비해 훨씬 뛰어난 흡수력을 가진 팸퍼스 기저귀를 오히려 더 낮은 가격으로 출시했다. 빅히트를 기대했지만 결과는 좋지 않았다. 품질에 자신 있었던 피앤지는 다양한 과학적 실험으로 탄생한 팸퍼스의 가치를 적극적으로 전달했다. 그러나 일본 엄마들은 특별한 이유도 표출하지 않은 채 냉담하게 반응하며 연이은 실패를 안겨줬다.

팸퍼스 마케팅팀은 좀 더 많은 시간을 일본 엄마들과 함께 보내며 문제점을 찾아보기로 했고, 드디어 아주 사소한 부분에서 엄마들의 신경을 쓰이게 한 요소를 발견했다. 팸퍼스의 고무줄 부분은 경쟁사 제품보다 조금 더 단단하게 조여졌는데, 아기의 엉덩이를 보다 안정적이고 포근하게 받쳐주기 위해서였다. 그런데 이것이 아기 피부를 약간 붉어지게 만들었다. 심미적 부분에 민감한 일본 엄마들의 눈에는 기저귀 때문에 아기 피부가 상하는 것처럼 느껴졌고, 팸퍼스는 다시 쓰고 싶지 않은 기저귀가 되어버린 것이다.

이런 일은 피앤지가 세계 어느 시장에서도 겪어보지 못한 일이었다. 일본 엄마들에게 팸퍼스가 아기 피부에 해를 끼치지 않는다고 아무리 강조해도 안심히지 않았다. 결국 피엔지는 일본 엄마에게 맞게 품질을 재정의해 제품을 개선했고 시장 점유율을 높이는 데 성공했다.

플레이보이처럼 마케팅하라

사소함이 만드는 큰 차이는 우연히 생기는 것이 아니다. 사람들의 마음과 행동을 이해하기 위한 각고의 노력 끝에 만들어진다. 버진항공의 의뢰를 받은 디자이너들은 승무원들이 음식을 서빙하며 카트를 다루는 모습과 기내식을 먹는 승객들의 행동을 분석하기 위해 수십만 마일을 함께 비행했다. 피엔지는 드러나지 않은 불만 요소를 찾기 위해 기저귀를 다루는 엄마들의 작은 표정 변화까지 집요하게 관찰했다.

여심을 흔드는 플레이보이는 남들은 알아차리지 못하는 서운한 감정을 달래주고, 말하기는 구차한 사소한 불편함을 조용히 해결해준다. 제품과 브랜드의 매력도 고객에 대한 섬세한 배려에서 비롯된다. 획일적인 경쟁의 룰을 쫓기보다는 남들이 하찮게 여기는 사소한 부분에서 영리하고 달콤하게, 그러면서도 폐부를 찌르는 작은 차이를 발견할 수 있어야 한다.

시카고 대학의 리처드 탈러(Richard Thaler) 교수가 2008년 저술한 『넛지(Nudge)』가 출간된 이후 작은 시도로 사람들의 행동을 변화시키는 '넛지 효과'가 다방면에서 활용되고 있다. 2015년 국내 한 언론사의 실험에 의하면 지하철 좌석 앞쪽에 사람 발 크기의 하트 모양 스티커를 붙였더니 승객들이 자연스럽게 두 발을 모으고 앉아 다리를 벌리거나 꼬아서 주변에 피해를 주는 사례가 급격히 줄었다고 한다. 이처럼 넛지는 사회적으로 바람직한 행동을 유도하는 공공의 목적으로 사용되는 경우가 많다.

친건강, 친환경적 소비를 유도하기 위한 넛지 마케팅은 특히 식품 분야에서 관심이 높다. 코넬대 식품 브랜드 연구소(Food and Brand Lab)는 섭취하는 음식 양을 줄이려면 작은 접시를 사용하거나 식사 환경을 청결하게 하는 것이 바람직하다는 점을 발견했다. 버지니아의 한 슈퍼마켓에서는 카트를 절반으로 구분하는 노란 테이프를 붙여 앞쪽 칸에 과일과 채소를, 뒤쪽에는 나머지 물건을 신도록 했더니 고객당 농산품 구매가 3.99달러에서 8.85달러로 증가했다고 한다.

미국과 멕시코의 국경에 위치한 엘 패소(El Paso)는 성인 비만율이 32%에 달하고 당뇨병 환자의 비중도 12.2% 수준으로 전반적인 식습

퀸 개선이 요구되는 대표적인 도시다. 게다가 히스패닉 인구가 급증함에 따라 가공식품 업체들이 적극적인 마케팅을 펼치고 있어 소비자의 자발적인 행동 개선이 더욱 중요해졌다. 하지만 비만, 당뇨병의 심각성을 알리는 공공 기관의 정책은 큰 효과를 보지 못하고 있었다.

이 지역의 슈퍼마켓 로우스(Lowe's)에서는 주민들의 식품 구매 행동을 변화시키기 위한 여러 가지 실험이 진행되었다. 한번은 매장 입구 바닥에 큼지막한 화살표 모양의 초록색 매트를 입구 왼편으로 깔아보았다. 화살표 매트가 없을 때는 입구에 들어선 대부분의 고객들이 오른편을 향하지만 매트를 깔자 10명 중 9명이 왼쪽으로 방향을 돌렸다. 입구 오른편에는 스낵류, 가공식품이 왼편에는 채소, 과일이 진열되어 있으니 고객들은 자연스럽게 건강에 유익한 제품부터 먼저 둘러보게 되었다. 또 카트 안쪽에 영어와 스페인어로 "우리 매장 고객은 평균 5개의 농산품을 사고 가장 잘 팔리는 상품은 바나나와 라임, 아보카도"라는 설명을 붙였더니 일주일 만에 과일, 채소 판매가 10% 상승하는 결과가 나타났다.

최근에는 거울을 이용한 이색 실험을 시작했다. 카트 정면에 작은 거울을 설치했는데, 자신의 얼굴이나 몸을 본 고객들이 무의식적으로 '살 좀 빼야겠는데'라고 생각해 칼로리가 낮은 식품을 선택할 것이라는 가정이다. 30센티미터 앞에 놓인 거울이 내 얼굴과 몸이 어떤 모습인지를 상기시켜주는 넛지 역할을 하도록 한 것이다.

넛지 마케팅의 한계를 지적하는 시각도 존재한다. 라이스 대학의 돌라키아(Dholakia) 교수는 넛지가 구체적인 행동을 촉진할지라도 궁극적인 목표를 달성하는 데는 실패할 수 있다는 점을 강조한다. 화살표 모양의 매트가 고객들을 의도한 방향으로 이동시켜 채소, 과일을 선택하도록 유도할 수는 있지만, 더 중요한 다음 과정인 채소를 충분히 먹을지 냉장고에 썩도록 방치해둘지의 행동에는 영향을 미치지 못하기 때문이다. 또 여러 매체를 통해 기업의 은밀한 마케팅이 어떻게 작용하는지를 훤히 알게 된 소비자들은 넛지에 대한 면역성을 보유하게 되어 더 이상 영향을 받지 않을 가능성도 커졌다. 이런 상황에서 공공연한 넛지 시도는 오히려 소비자 권리를 박탈한다고 여겨져 고객의 분노를 사는 부작용을 낳을 수도 있다.

사실 로우스 슈퍼마켓의 실험 결과, 농산물 판매는 늘었지만 전체 매출에는 큰 변화가 없었다. 정해진 예산 내에서 합리적으로 구매하는 대다수 소비자들이 채소나 과일을 선택하는 대신 냉동 피자나 포테이토칩을 포기했기 때문이다. 당장의 판매, 수익 증대를 넘어 소비자의 삶의 질 향상, 공공의 가치 창출로 시야를 넓힐 때 넛지 마케팅의 효과와 의미가 극대화된다.

뉴노멀 시대,
고객과의 공감
폭을 넓혀라

대인 관계를 연구하는 뉴욕주립대 사회심리학자 아서 아론(Arthur Aron) 교수의 실험이다. 처음 만난 참여자들은 짝을 지어 45분간 대화를 나누게 되었다. 그중 절반은 좋아하는 TV 프로그램 같은 사실적이고 얕은 수준의 질문을 하며 대화했고, 나머지 절반은 가벼운 질문으로 시작해서 점점 더 깊은 대화를 이어가도록 했다. 인생에서 사랑의 의미, 사람들 앞에서 울음을 터뜨렸던 순간, 마지막으로는 가장 힘들고 충격적이었던 가족이나 친구의 죽음에 대해 서로 묻고 답했다.

대화가 끝난 후 참여자들에게 이야기를 나눈 파트너를 얼마나 가깝게 느끼는지를 질문했다. 두 번째 그룹, 즉 깊은 수준의 대화를 하고, 힘들고 어려웠던 경험을 공유한 그룹의 참여자들이 파트너를 훨씬 더 가깝게 여기는 것으로 나타났다. 놀라운 것은 이들중의 30%는 이제까지 인생에서 가장 가깝다고 여겼던 사람보다도 처음 만나 깊은 대화를 나눈 실험 파트너에게 더 강한 연결감을 느끼게 되었다는 점이다. 45분간 나눴던 의미 있는 대화가 수년을 잘 알고 지낸 사람보다 더 깊은 관계를 형성하도록 한 것이다. 실험에서 만나 힘든 이야기를 나눈 계기로 결혼에 이른 커플도 있었다.

아서 아론 교수의 연구는 좌절과 슬픔, 실망과 두려움을 느꼈던 순간을 함께 나눌수록 관계의 연결감이 더욱 강화된다는 사실을 시사한다. 좋은 시절과 어려운 시절, 긍정적 감정과 부정적 감정을 복합적으로 공유하면 보다 인간적이고 성숙한 관계가 형성된다. 이는 일반적인 인간관계뿐만 아니라 직장 상사와 직원, 고객과 기업 등 다양한 관계에 적용될 수 있다.

소비 시장에서는 즐겁고 유쾌한 메시지로 상품을 홍보하고 구매 욕구를 자극하는 시도가 끊이지 않지만, 경제적으로나 정서적으로 힘들고 어려운 시간을 보내는 소비자들이 많아지면서 공감대를 형성하기는 점점 어려워졌다. 잦은 대형 사고와 재해, 질병 등으로 사회 전반적으로 불안과 공포, 슬픔의 수준이 높아지고 국민 정서의 기복이 심해진 것도 사실이다.

이제 기업은 소비자를 무조건 기쁘고 즐겁게 만들려고 애쓰기보다 슬픔을 공유하고 마음속 상처를 어루만지며 교감을 나누는 반려자가 되어야 한다. 최근 글로벌 기업들 사이에서는 심금을 울리는 스토리를 통해 위로와 감동을 주는 슬픈 광고, '새드버타이징'을 활용하는 사례가 많아졌다. 소비자와 슬픔을 공유하고 마음속 상처를 어루만지며 깊은 교감을 나누기 위해서다. 잦은 사건 사고로 건강과 안전을 위협받는 소비자들의 불안과 공포를 함께 극복해나가는 파트너로서의 의무도 다해야 한다. 여기에 재치와 위트까지 갖춘 기업은 누구보다도 매력적인 인간미를 풍길 수 있을 것이다.

01

슬픔, 심금을 울리면 지갑이 열린다

디즈니 픽사의 애니메이션 〈인사이드 아웃(Inside Out)〉의 주인공은 11살 소녀 라일리의 다섯 감정, 기쁨(Joy), 슬픔(Sadness), 버럭(Anger), 까칠(Disgust), 소심(Fear)이다. 이들은 감정 컨트롤 본부에서 매순간 자기 역할을 한다. 아이스하키를 좋아하는 라일리가 신나게 스케이팅할 때는 기쁨이, 상대 팀과 경쟁이 붙을 때는 폭발력을 발휘하는 버럭이, 위험한 순간에는 조심성 많은 소심이 나선다. 비관적이고 무기력한 슬픔은 눈칫밥 먹는 신세다. 괜히 서글픈 마음이 들게 해 훌쩍거리게 하고 행복했던 기억 구슬을 잘못 건드려 애잔한 추억으로 만들어버리니 타박받기 일쑤다.

기쁨과 슬픔이 사고로 길을 잃고 헤매는 사이, 라일리의 성격은 반항적이고 냉소적으로 변한다. 차갑게 굳은 아이의 마음을 따뜻하게 녹여준 것은 놀랍게도 돌아온 슬픔이었다. 슬픔을 다시 느끼게 된 라일리는 눈물을 흘리며 자신의 행동을 반성하고, 딸의 안쓰러운 모습에 부모도 가슴 아파한다. 이들은 서로 용서하고 화해하며 화목한 가정으로 돌아간다.

이 영화의 하이라이트는 슬픔이 활약하는 반전의 순간이다. 감독 피트 닥터(Pete Docter)는 기자 간담회에서 "부정적인 감정으로만 알고 있는 슬픔이 사실은 매우 유용한 감정이라는 걸 보여주고 싶었다"고 말했다.

슬픔의 재발견

마케팅에서도 '슬픔'이 재조명받고 있다. 고객들에게 즐거운 경험을 선사하려 애쓰는 기업들에게 분노나 슬픔은 최대한 방지해야 하는 감정들로 여겨져 왔다. 그런데 최근 슬픔의 독특한 매력이 발견되고 있다. 슬픈 소비자는 돈 쓰기에 더 관대하다는 흥미로운 연구 결과도 나왔다.

하버드 대학 제니퍼 러너(Jennifer Lerner) 교수는 소비자를 세 집단으로 나눠 각각 아버지를 잃은 소년(슬픔), 지저분한 화장실을 사용하는 남성(역겨움), 낚시하는 사람들(중립)이 등장하는 동영상을 보여주고 유사한 일이 자신에게 일어나면 어떨지 생각해보도록 했다. 이후 물병을 구입하는 상황을 설정하고 지불할 가격

을 물었다. 중립적인 동영상을 본 집단의 평균 가격은 0.56달러,
슬픈 동영상을 본 집단은 2.11달러였다. 슬플 때는 평상시보다 같
은 제품을 무려 4배나 더 비싼 가격에 구매한다는 이야기다.

사람들은 분노나 역겨움을 느낄 때와 달리 슬플 때는 외부 상황
보다 자기 자신에게 주의를 집중하는 경향을 보인다. 초점이 자신
에게 맞춰지면 무기력한 본인에게 연민을 느끼게 되고 기분을 회
복하고자 하는 자기 고양 동기가 작용한다. 이때 새로운 물건을
획득하는 것은 자신의 처지를 개선하고 슬픔에서 벗어나도록 하
는 하나의 방안이 된다. 또 사람들은 슬퍼지면 자기 가치를 절하
하고 다른 대상들의 가치를 상대적으로 높게 평가한다. 구매하려
는 상품의 가치가 크게 느껴지기 때문에 더 비싼 가격을 지불하
려는 것이다. 우울할 때 충동구매를 조심하라는 이유가 여기에
있다.

슬픔을 이용해 불필요한 지출을 부추기는 것은 바람직하지 않
지만, 절망에 빠진 소비자에게 기분 전환할 수 있는 건전한 소비
를 유도하는 전략은 시도해볼 만하다. 경기가 침체되고 실업률이
치솟던 2002년 피앤지는 미국의 5700만 가정에 쿠폰 잡지『브랜
드 세이버(Brandsaver)』를 일요일판 주간지에 끼워 넣는 식으로
배달했다. 이 잡지는 다양한 피앤지 상품을 할인해주는 100달러

상당의 쿠폰 묶음이었다.

피앤지는 이 전략이 단기적인 판촉을 위한 보조금 지급이라기보다 낙심한 소비자들이 질 좋은 제품을 사용해보고 기운을 회복하기를 바라는 의도에서 시작된 것임을 강조했다. 『브랜드 세이버』는 지금도 많은 소비자들이 손꼽아 기다리는 쿠폰 잡지로 사랑받고 있다.

슬픔을 나누는 광고, 새드버타이징

최근에는 소비자의 눈물샘을 자극하는 광고, '새드버타이징'이 다양한 분야에서 활용되는 추세다. 상품의 혜택을 단순화해서 임팩트 있게 전달하던 기존 광고가 스토리텔링 방식으로 진화하면서 생긴 현상이다. 보는 이로 하여금 깊은 감성에 빠지도록 하는 새드버타이징은 소비자와 기업을 정서적으로 연결하는 매개체 역할을 한다.

2011년 미국에서는 부모들의 가슴을 뭉클하게 한 구글의 광고 〈소피에게(Dear Sophie)〉가 주목받았다. 아빠가 딸 소피의 지메일 계정을 만들어 첫 번째 생일, 앞니가 빠진 날, 발레를 처음 배운 날처럼 기억하고 싶은 순간들을 글과 사진, 동영상으로 기록해 이메일로 보내는 내용이었다. 「뉴욕타임스」는 "구글이 딱딱한 데

잔잔한 감동을 주는 버드와이저의 광고 〈로스트 독〉의 한 장면이다.

이터나 검색 기술이 아닌 눈물샘을 자극하는 광고를 선보였다"며 호평했다.

　버드와이저는 스케일이 크고 자극적인 광고가 주를 이루는 슈퍼볼 시즌에도 잔잔한 스토리의 광고를 내보내 눈길을 끌었다. 2015년 슈퍼볼 광고 〈로스트 독(Lost Dog)〉은 길 잃은 강아지가 산전수전 겪으며 집으로 돌아오는 이야기다. 빗속을 헤매는 강아지의 모습이 시종일관 애처롭고, 버드와이저를 상징하는 말 클라이즈데일(Clydesdale)이 늑대를 만난 강아지를 구해주는 장면도 감동적이다. 버드와이저 맥주는 강아지를 애타게 찾던 주인이 안도하며 목을 축이는 마지막 장면에 스치듯 나올 뿐이다. 한 편의 드라마 같은 이 광고는 「유에스에이 투데이(*USA Today*)」가 선정하는 '2015년 최고의 슈퍼볼 광고'로 뽑혔다. 광고를 보고 버드와 이저를 마실 의향이 높아졌다는 애견인들도 많았다.

한국에서는 TV 프로그램을 '본방 사수'하기보다는 자신이 원하는 시간과 장소에서 감상하는 젊은 소비자들이 많아지면서 인터넷이나 SNS가 광고의 주요 채널로 자리 잡았다. 광고 분량이 30초에서 2~3분으로 늘어남에 따라 스토리 전개가 섬세해지고 작품성도 높아졌다.

캐논 코리아가 2014년 크리스마스에 공개한 광고 〈아빠의 셀카〉는 딸에게 선물받은 카메라로 여기저기 사진을 찍던 아빠를 귀찮게 여기던 가족들이 아빠가 돌아가신 후 남겨진 사진들을 보며 지난 시간을 그리워하는 내용이다. '지금 이 순간의 소중함'을 일깨워주는 캐논의 광고는 네티즌들 사이에서 '눈물 나게 슬픈 광고'로 회자되었다.

암울한 사회 문제를 다룬 미니 다큐멘터리식의 광고는 기업의 브랜드 이념을 전달하기에 효과적이다. 도브(Dove)는 전 세계 여성의 단 4%만이 자신을 아름답다고 생각한다는 점에 주목하고 특별한 실험을 시작했다. 자신의 외모를 비관하는 여성 7명을 모집해 FBI 출신의 몽타주 전문가가 초상화를 그리도록 했다. 범인의 몽타주가 목격자의 진술만으로 만들어지듯 화가와 참가자 사이에 커튼을 치고 얼굴에 대한 설명만 듣고 그리는 식이었다. 한 사람당 두 장의 초상화가 그려졌는데 한 장은 본인이, 다른 한 장은 방금 이 여성을 만난 제삼자가 얼굴을 묘사했다.

같은 얼굴에 대한 두 사람의 표현은 너무나 달랐다. 참가자 본인은 "광대뼈가 튀어나오고 주걱턱이다", "얼굴이 둥글고 뚱뚱하다"고 말하지만 제삼자는 "갸름한 얼굴에 보기 좋은 턱을 가졌다", "코가 귀엽다"고 설명한다. 두 장의 초상화에 그려진 얼굴도 판이했다. 내가 본 나는 외롭고 슬퍼 보이지만, 남이 본 나는 훨씬 부드러운 인상에 아름다운 모습이었다.

도브는 실험 과정을 동영상 광고로 제작해 "당신은 당신이 생각하는 것보다 더 아름답습니다(You're more beautiful than you think)"라는 메시지를 전파했다. 이 광고는 전 세계 주요 언론들의 주목을 받았고 동영상 사이트를 방문한 사람은 6700만 명에 이른다. 여성의 순수한 아름다움을 중시하는 도브의 브랜드 정체성을 제대로 보여주고 사회적인 변화를 추구하는 의미 있는 시도였다는 평이 대부분이다.

소비자의 심금을 울려라

남의 기쁨과 행복을 전심으로 공감하기는 쉽지 않지만 아픔과 슬픔은 고스란히 전달된다. 소아암 환자를 위한 모금 캠페인에서 웃는 아이의 사진 광고를 본 사람들 중 53%가 기부를 결정한 데 반해 슬픈 표정의 사진을 본 사람들은 78%가 기부에 동참했다고 한다. 슬픔은 기쁨보다 전염성이 훨씬 높은, 마음과 마음을 연결해주는 특별한 감정이다.

영화 속 라일리가 슬픔을 되찾으며 바르게 성장하듯 기업도 소비자의 슬픔과 아픔에 공감할 수 있어야 건강한 발전을 이룰 수 있다. 냉정하고 도도한 사람이 마음속 상처를 드러낼 때 인간적 매력이 더해지듯 완벽함을 추구하는 강인한 이미지의 브랜드도 가끔은 감상적인 모습을 보이는 것이 좋다.

어려운 상황에서는 힘든 내색도 해야 끈끈한 유대가 형성된다. 원색적인 홍보, 화려한 구호가 넘치는 시장에서 잔잔한 감동으로 소비자의 눈시울을 적실 수 있는 멋과 여유도 필요하다. 슬픔을 연구하는 학자들은 이렇게 말한다. "소비자의 심금(heart-string)을 울려라. 그러면 지갑의 끈(purse-string)이 풀릴 것이다."

Marketing Insight
구매욕을 증폭시키는 슬픔의 효과

광고 속 제품이 멋진 모델이나 아름다운 배경과 함께 등장하는 이유는 보기만 해도 절로 기분 좋아지는 무조건 자극(모델)과 중립 자극(제품)이 반복적으로 함께 제시되면 어느 순간 제품에 대해서도 유사한 반응(기분 좋음)이 형성된다는 조건화 모델로 설명할 수 있다. 개에게 사료 냄새와 함께 종소리를 들려주면 나중에 종소리만 들어도 침을 흘린다는 파블로프의 고전적 조건화 이론을 소비자 행동에 적용한 것이다. 제품과 브랜드에 대한 태도가 형성되는 초기 과정일수록 긍정적인 감정을 유발하는 무조건 자극을 통한 학습 효과는 더 커진다.

또 소비자는 즐거움과 행복을 느낄 때 긍정적인 제품 정보에 더 주의를 기울이는 반면, 슬픔과 불안을 느낄 때는 부정적인 정보에 더 민감하게 반응한다. 이는 기분에 따라 정보 처리 결과가 달라진다는 무드 일치(mood congruency) 효과로 설명된다. 제품의 혜택을 강조하는 메시지를 전달할 때는 최대한 긍정적인 기분이 들도록 해야 한다는 불문율도 여기서 비롯된다. 코카콜라가 뉴스 전문 채널에서는 광고를 하지 않는 이유는 나쁜 뉴스들을 접하고 우울해진 소비자들이 자사 제품과 광고를 긍정적으로 받아들이지 않을 수 있다는 우려 때문이다.

하이델베르크 대학 에바 월터(Eva Walther) 교수는 긍정적 또는 부정적 자극과 제품 평가의 단선적 관계에 의문을 제기하고 행복과 슬픔이 그 과정에 미치는 영향을 분석했다. 실험은 쇼핑몰 여성 고객들을 대상으로 실시되었다. 먼저 행복과 슬픔의 감정을 유도하기 위해 행복 그룹에는 영화 〈슈렉〉을, 슬픔 그룹에는 아동 학대에 관한 동영상을 보여줬다. 그리고 다양한 종류의 신발과 여러 남성들의 얼굴을 무작위로 매칭하여 제시했다.

전반적으로 봤을 때 참여자들은 신발과 함께 등장한 남성의 얼굴에 호감을 느낄수록 해당 신발을 긍정적으로, 얼굴이 비호감일수록 신발을 부정적으로 평가했다. 전통적인 이론과 일관된 결과가 나타난 것이다. 그러나 소비자를 행복과 슬픔의 감정 그룹으로 나눠서 분석한 결과는 보다 복합적이었다. 슬픈 동영상을 본 소비자들은 행복한 소비자보다 호감을 느낀 얼굴과 함께 제시된 신발을 훨씬 더 긍정적으로 평가하고 비호감의 얼굴과 등장한 신발은 훨씬 더 부정적으로 평가했다. 즉 슬픔의 감정은 제품과 함께 제시되는 모델이나 배경이 소비자의 태도 형성에 미치는 영향을 증폭시키는 역할을 한 것이다.

이는 행복 또는 슬픔을 느낄 때 사람들이 정보를 처리하는 방식이 다르기 때문인 것으로 설명된다. 기분이 좋은 소비자는 새로운 정보를 처리할 때 기억 속에 저장된 정보를 주로 활용하는 인지적 과정을 거치는 반면 슬픈 소비자는 자신의 불편한 상황을 해결하기 위해 새로운 자극에 더 주의를 기울이는 경향이 있다. 따라서 제품에 대한 평가는 함께 제시된 자극의 호감 또는 비호감 수준의 영향을 받아 태도가 극단적으로 형성될 가능성이 크다. 신발과 보석 같은 감성적 제품일 경우 슬픔의 증폭 역할은 더욱 커진다.

공포, 새로운 히트 메이커의 탄생

2006년 개봉한 영화 〈슈퍼맨 리턴즈(Superman Returns)〉는 지구에서 사라졌던 슈퍼맨이 5년 만에 돌아와 악당을 물리치는 활약을 그렸다. 신문사 '데일리 플래닛'의 여기자 로이스는 한때 슈퍼맨과 사랑을 나누던 사이. 슈퍼맨이 다시 나타났다는 소문이 돌기 시작하자 편집장은 로이스에게 특종 기사를 써내라고 다그치며 말한다. "로이스, 신문이 팔리도록 하는 건 단 3개야. 비극과 섹스 그리고 슈퍼맨이지(Lois, only three things sell papers: tragedy, sex and Superman)."

만약 슈퍼맨이 다시 돌아온다면 편집장은 단어 하나를 바꿨을 듯하다. 지금은 섹스보다 '공포'가 더 잘 팔리는 시대다. 2015년 메르스로 인한 공포는 사람들의 행동과 생활 패턴을 바꾸고 소비 시장에도 막대한 영향을 미쳤다. 마스크, 손 세정제 품귀 현상이 나타났고, 영화관, 대형 마트, 쇼핑센터에는 사람들의 발길이 끊겼다. 외국인 관광객 수도 대폭 줄었다. 그 와중에 소비자들의 공포심을 이용한 마케팅이 기승을 부렸다.

공포 소구(Fear appeal) 마케팅은 혹시 발생할지 모르는 고통이나 손실에 대한 두려움과 불안감을 강조하며 소비자를 설득하는 방법이다. 이상적인 모습이나 유쾌한 결과를 기대하도록 하는 일반적인 마케팅과 달리, 불행을 예방하거나 부정적 상황을 통제할 수 있는 상품을 소개하고 구매를 권유하는 식이다.

공포가 시장의 판도를 바꾼다

생명과 안전이 위협받는 공포 상황은 기업에게 예상치 못한 기회를 제공한다. 2001년 9·11 테러 발발 이후 외부 생활에 두려움을 느끼는 미국인들이 급증하면서 뉴욕의 자산가들 사이에서는 민간인용 군용 자동차 허머(Hummer)가 인기를 끌었다. 허머는 걸프전에서 사용된 다목적 지프차 험비(HMMWV)를 일반 도로에서 이용할 수 있도록 개조한 차량이다. 테러 사건으로 충격을 받은 소비자들은 자동차를 단순한 이동 수단이 아닌 외부로부터의 위험을 차단해주는 보호막으로 인식하게 되었고, 허머가 최고의 대안으로 떠오른 것이다.

2001년 테러 발발 이후 미국의 고소득층에서 인기를 끌었던 허머 자동차이다.

 미국 내 허머 판매량은 2002년 2만 대, 2003년 3만 6000대로 급증했다. GM은 허머의 전투적이고 강인한 이미지를 부각하기 위해 수백만 달러를 들여 1450개 쇼룸을 군대 막사 모양으로 개조했다. 초고가에 과격한 디자인이 부담스러운 일반 소비자들은 좀 더 무난하면서 세단보다는 차체가 높고 튼튼한 차를 선택했다. 그 결과 미국 자동차 판매의 20% 이상을 SUV가 차지하는, 당시로는 이례적인 일이 벌어졌다.

 공포와 불안은 시장의 판도를 바꾸기도 한다. 1993년 한국에서는 조선맥주의 하이트가 큰 호응을 얻으며 히트했다. 1991년 낙동강 페놀 유출 사건 이후 수질 오염 이슈에 대중의 관심이 집중되고 위생에 대한 민감도가 드높았던 시기였다. '지하 150m 암반에서 끌어올린 천연 지하수로 만든 맥주'라는 슬로건으로 깨끗함을 강조한 하이트는 수질 논쟁을 불러일으켰던 오비맥주의 1위 자리를 빼앗는 성과를 거뒀다.

금연이나 안전벨트 착용 등 바람직한 행동을 권장할 때도 소비자의 공포심을 자극하는 것은 효과적이다. 최근 미국 샌프란시스코 시는 청량음료의 유해 수준이 담배와 맞먹는다고 판단해 콜라와 사이다에 비만, 충치, 당뇨의 위험을 알리는 경고 메시지를 삽입하는 방안을 고려 중이라고 한다.

하지만 이런 경우 지나치게 자극적인 도구를 사용하는 것은 주의해야 한다. 금연 캠페인에서 혐오스러울 정도로 끔찍한 폐암 환자의 모습을 보여주면 오히려 현실감이 떨어지고 이성적으로 판단할 수 있는 연관성이 줄어들어 '설마 나한테는 저런 일이 생기지 않겠지'라는 자기 방어적 반응을 불러일으킬 수 있기 때문이다. 한국에서도 담뱃갑에 경고 그림을 넣기로 한 후 후보로 제시된 일부 이미지의 혐오 수준이 너무 높아 흡연을 줄이기보다 대중적인 불쾌감만 높이는 것은 아닐지 우려를 낳은 적이 있다.

타인의 평가나 사회적 이미지를 중시하는 소비자들은 자신의 잘못이나 실수가 공개적으로 드러나는 것에 대한 두려움이 크다. 구강 청결제 리스테린(Listerine)은 소비자의 '수치심'을 가장 잘

구강청결제 리스테린은 수치심을 마케팅으로 활용한 대표적 사례로 꼽힌다. '남자친구가 당신에게 키스하지 않은 이유', '당신이 인기가 없는 이유' 등 구취 때문에 창피를 당하는 내용을 담았다.

활용한 브랜드로 꼽힌다.

1879년 출시된 리스테린은 원래 수술대나 바닥을 닦는 강력 세제로 사용되었다. 이후 입속 세균과 냄새 제거에 뛰어난 효과가 있다는 연구 결과가 발표되면서 치과 의사들의 관심을 받기 시작했고, 1914년 구강 청결 제품으로 재등장했다. 문제는 그 당시 사람들은 몸이나 입에서 나는 악취를 당연한 것으로 여겨 냄새 제거의 필요성을 심각하게 인식하지 않았다는 것이다.

리스테린으로서는 대중의 의식을 변화시키는 것이 급선무였다. 먼저 입에서 나는 '나쁜 입냄새(bad breath)'를 '구취(Halitosis)'라는 의학 용어로 대체했다. 용기 라벨에도 '구취 제거'라는 명확한 가치를 제시했다. 또 사회생활, 특히 이성과의 관계에서 입 냄새 때문에 창피를 당하는 스토리의 시리즈 광고를 제작해 '구취 캠페인'을 실시했다. "사람들이 뒤에서 당신에 대해 수군거리고 있답니다." "남자 친구가 굿바이 키스를 하지 않았다고요?"라며 입 냄새의 불쾌함과 심각성을 알려주는 식이었다. 사람들은 점점 냄새에 민감해졌고, 혹시 자신이 구취 때문에 외면당하지 않을까 걱정하며 리스테린을 애용하기 시작했다. 이렇게 리스테린은 구강 청결제의 대표 브랜드로 자리 잡게 되었다.

공포, 불확실성, 의혹을 조장하는 FUD 전략

경쟁이 치열한 기업 현장이나 정치판에서는 공포와 불확실성, 의혹을 조장하는 FUD(Fear, Uncertainty, and Doubt) 전략이 종종 사용된다. 경쟁자가 선택될 경우 발생 가능한 공포 상황을 암시하고 막연한 불안감을 형성해 소비자나 유권자의 이성적 판단을 마비시키는 전략이다.

1964년 미국 대선 당시 재선에 도전한 린든 존슨(Lyndon Johnson) 대통령이 보수파의 지지를 얻으며 득세하던 배리 골드워터(Barry Morris Goldwater) 후보를 겨냥해 제작한 광고가 대표적인 사례다. 광고 속에서는 어린 소녀가 데이지 꽃잎을 하나씩 떼어내고 있다. 마지막 꽃잎이 떨어질 때, 소녀는 갑자기 겁먹은 표정을 짓는다. 놀란 소녀의 눈동자가 클로즈업되고 거기에는 핵폭발로 인해 피어오르는 커다란 버섯구름이 비춰진다. 그리고 "아이들이 살 수 있는 세상을 만들 것인가, 암흑 속으로 빠질 것인가"라는 질문이 던져진다.

라이벌 배리 골드워터의 이름은 전혀 거론되지 않았지만, 광고의 목표는 확실했다. 핵무기 실험 금지 조약의 비준을 반대하고 소련에 대한 핵 공격을 지지했던 배리 골드워터가 대통령이 되었을 때의 위험성을 알리는 것이었다. '데이지 걸(Daisy Girl)' 광고는 단 한 번 방영되었지만 유권자들에게 공포와 충격을 전달하기에 충분했다. 이 광고는 린든 존슨 대통령이 압도적인 표 차이로 재선에 성공하는 데 결정적 계기로 작용했다고 평가되기도 한다.

기업 현장에서 FUD 전략은 주로 IT 업계의 대형 브랜드들이 경쟁사로 고객이 이탈하는 것을 방지하기 위한 목적으로 사용한다. 시스템 불안정성, 보안 취약성, 호환 불기능성 등 경쟁 상품에 관한 부정적 정보를 암암리에 퍼뜨리고 막연한 불안감을 조성해 고객들이 새로운 시도를 주저하게 만들고 발목을 잡는 식이다.

한때 한국 맥주 시장에서는 1, 2위 제품의 유해성에 대한 소문이 SNS를 통해 빠르게 확산되면서 시장의 불안감을 증폭시켰다. 소비자의 공포를 담보로 한 비방전은 업계 전반에 대한 불신감을 높여 진정성 있는 커뮤니케이션을 더욱 어렵게 만들 뿐이다. 결국에는 해외 기업 같은 제3자가 이득을 가져가는 공허한 루즈-루즈(lose-lose) 게임으로 끝나기 쉽다. 또 이런 식으로 붙잡힌 고객이 진정한 충성 고객으로 전환될 가능성도 희박하다.

두려움, 공포 함께 극복하는 동반자가 되어라

공포를 느끼는 순간 누군가 곁에 있어주기를 바라는 것은 인간의 본능이다. 내 곁을 지키는 누군가가 있다면 특별히 무엇을 하지 않더라도 그 존재만으로 마음이 진정되고 신뢰와 친밀감이 커진다. 공포 상황을 함께 겪은 고객과 브랜드도 특별한 관계로 발전할 수 있다. 실제로 액션, 코미디, 호러 같은 다양한 장르의 영화를 본 소비자 중 호러물을 본 집단이 다른 집단보다 주스나 감자

칩 등 주변에 있던 제품에 대한 애착과 선호도가 훨씬 높아졌다는 실험 결과가 있다. 흥분감, 유쾌함, 슬픔보다 공포, 두려움을 나눈 브랜드에게 더 강한 연결감과 애정을 느끼게 되는 것이다.

공포 마케팅은 히트 상품을 만들고 상징적인 브랜드를 탄생시키는 묘수가 될 수 있지만 불안감만 조성하고 적절한 해법을 제시하지 못하면 공공의 적으로 낙인찍히는 악수가 된다. 비극을 해피엔딩으로 마무리하는 슈퍼맨이 될 수도, 또 다른 비극을 낳는 악당이 될 수도 있다. 분명한 것은 불안과 공포를 일거에 제거하는 영웅을 꿈꾸기에 앞서 암울한 시기를 함께 극복해가는 일상 속 동반자의 역할에 충실해야 한다는 것이다.

진심, 말 한마디의 위력

1942년 중국 상하이. 급진파 항일 단체는 친일파 핵심 인물인 정보부 대장을 암살하는 계획을 세운다. 여자의 임무는 신분을 속이고 그를 유혹하는 것. 경계심으로 가득 찬 남자의 마음을 얻는 데 3년이라는 긴 시간이 걸렸고, 드디어 남자를 암살하는 그날이 왔다. 그런데 오늘, 남자는 여자에게 6캐럿짜리 멋진 다이아몬드 반지를 선물한다. 이렇게 큰 다이아몬드 반지를 낀 채 나가면 분명히 누군가가 노릴 거라며 반지를 빼려는 여자에게, 남자는 그대로 가자고 한다. 그리고 말한다. "내가 지켜주겠소." 여자의 눈빛이 심하게 흔들린다. 지금 바깥에는 남자를 암살하려는 저항군이 기다리고 있다. "어서, 도망가요."

탕웨이와 량차오웨이가 주연한 2007년 영화 〈색, 계(Lust, Caution)〉의 한 장면이다. 이 영화는 암울한 시대 상황을 배경으로 한 자극적인 스토리로 큰 인기를 끌었는데, 유독 이 장면을 명장면으로 꼽는 사람들이 있다. 이념과 사랑 사이의 갈등, 계략의 긴장감이 최고조에 이르는 순간, 여자의 마음을 움직인 것은 다이아몬드 반지가 아닌 '지켜주겠다'는 남자의 약속, 그 한마디였기 때문이다.

"I'm sorry"의 위력

경영 현장에서도 말 한마디의 위력은 상상을 초월한다. 특히 위기 상황에서 진정한 사과 한마디의 효력은 크다. 타이레놀 독극물 사태를 겪은 존슨앤존슨(1982년), 납 성분이 검출된 장난감으로 위기를 겪은 마텔(2007년), 직원이 택배 상자를 내던지는 '패대기 동영상'으로 곤욕을 치른 페덱스(2011년)의 공통점은 바로 즉각적인 사과로 소비자의 신뢰와 사랑을 회복했다는 것이다.

듀크 대학 경제심리학자 댄 애리얼리(Dan Ariely)의 실험은 "I'm sorry" 한마디의 효과를 보여준다. 커피숍의 고객들에게 간단한 설문 조사에 참여하면 5달러의 사례금을 지급하겠다고 한 후 참여자에게 실수인 척 더 많은 금액을 지불하는 설정이었다. A 집단은 평범한 분위기로 조사가 진행되었고, B 집단에서는 실험자가 조사를 설명하는 중간에 그다지 중요하지 않은 전화를 받으면서 시간을 끄는 무례한 행동을 보였다.

사람들은 어떻게 반응했을까? A 집단의 참여자 중 45%가 초과된 사례금을 되돌려준데 반해 B 집단은 그 비중이 14%에 불과했다. 상대방의 잘못으로 짜증과 불쾌감을 느낀 소비자는 상대가 어떤 식으로든 대가를 치르기를 바라는 보복 욕구를 가지게 된다. 약속한 5달러보다 초과된 금액은 바로 실험자의 무례한 행동에 대한 대가인 셈이다.

또 다른 C 집단에서는 B 집단과 같은 상황에서 사례금을 지급하며 "아까 전화를 받지 말았어야 하는데 죄송합니다"라는 말을 더했다. 그러자 초과된 금액을 되돌려준 비중이 A 집단(45%)만큼 높아졌다. 사과 한마디가 불쾌감과 보복심을 누그러뜨리고 바른 행동을 이끌어낸 것이다. 이를 바탕으로 댄 애리얼리 교수는 1+1=0(1 annoyance + 1 apology = 0 annoyance), 즉 한 번의 분노를 한마디 사과가 상쇄한다는 공식을 만들었다.

권위와 체면을 중시하는 한국 사회에서는 사람도 기업도 사과 한마디에 인색하다. 미안함을 표현한다는 것은 상대에게 나를 비난할 수 있는 허가를 주는 것이기 때문에 잘잘못을 확인하기 전에는 함부로 사과하지 않는다. 이러다 보면 상대방은 문제를 일으켰다고 생각하는 당사자가 사과하지 않으니 자존심이 상하게 된다.

PART 03

결국 한순간 명예를 지키려다 분노와 혐오의 대상이 되어 관계를 회복하기가 어려워진다.

위기 대응 매뉴얼을 체계화하는 것도 중요하지만, 근본적으로 사과의 의미를 다시 생각해볼 필요가 있다. '비난받아 마땅함'이 아닌 '상대방의 좋지 않은 처지에 대한 공감'으로 인식한다면 사과하기가 훨씬 쉬워진다. '남에게 대하여 마음이 편치 못함', 즉 미안(未安)함의 표현과 위로를 적극적으로 실천해야 우호적 관계를 맺을 수 있다.

비록 내 잘못이 아니더라도 타인의 어려운 상황에 대해 공감하고 위로한다면 신뢰와 협력 관계가 형성된다. 하버드 대학의 브룩스(Brooks) 교수팀은 이와 관련해 흥미로운 연구 결과를 발표했다.

꽤 많은 비가 내리는 날, 기차역에서 누군가로부터 휴대폰을 빌려 써야 하는 상황이다. 지나가는 사람에게 "휴대폰 좀 빌릴 수 있을까요?"라며 다가서자 33명 중 단 3명(9%)이 자신의 휴대폰을 건넸다. 이번에는 "비가 많이 와서 힘드시죠(I'm sorry for the rain). 휴대폰 좀 빌릴 수 있을까요?"라며 다가갔다. 그러자 32명 중 15명(47%)이 흔쾌히 휴대폰을 빌려줬다. 궂은 날씨가 내 책임도 아니고 사람이 통제할 수 있는 상황도 아니지만, 상대방의 고

충에 공감하는 한마디 표현이 협조적인 행동을 유발하는 데 큰 효과를 발휘한 것이다.

잡담도 전략이 된다

친근한 말 한마디는 고객 만족도 끌어올린다. 커피숍에서 종업원과 가벼운 수다를 나눈 고객이 아무런 대화가 없었던 고객보다 만족도가 높을 뿐 아니라(4.31 vs. 3.80, 5점 만점), 훨씬 더 좋은 기분으로(4.22 vs. 3.60) 가게를 나섰다는 실험 결과가 있다. 고객과 직원, 나아가 고객과 기업 사이에 형성된 정서적 유대감이 고객의 만족감과 행복감을 높이기 때문이다.

영국의 샌드위치 체인 프레타망제(Pret A Manger)는 패스트푸드의 실용성에 고객에 대한 친근성을 더해 성공을 거두고 있다. 프랑스어로 기성복을 의미하는 프레타포르테(prêt-à-porter)에서 착안된 이 회사의 이름은 'ready to eat', 즉 미리 만들어놓은 샌드위치를 판매한다는 뜻이다. 이 회사는 바쁜 직장인들이 주 고객이기 때문에 '60초 서비스'라는 목표를 세울 정도로 스피드에 집착한다. 대신 유기농 채소와 천연·무색소 식재료를 사용하고 모든 음식을 당일 판매한다는 원칙을 세우는 등 친환경, 친건강 브랜드를 표방한다.

직원들이 고객과 친근한 대화를 하면서 샌드위치를 파는 프레타망제의 매장이다.

그런데 이 회사의 진정한 차별화 요소는 서비스 속도나 샌드위치가 아니다. 프레타망제 매장에서는 직원과 고객이 미소 지으며 대화하는 모습, 직원들이 활발하게 움직이는 모습이 여기저기 보인다. 매장을 들어서는 순간 느낄 수 있는 긍정적 에너지와 활기, 이야기 소리는 '프렛 버즈(Pret Buzz)'라 불리며 강력한 차별화 도구로 작용한다. 직원들이 로봇처럼 음식을 만들고 매뉴얼에 따라 대응하는 여느 패스트푸드 매장과 확연히 다르기 때문이다.

프레타망제의 모든 직원들은 「프렛 행동 지침서(Pret Beha-viours)」라는 소책자를 지니고 다니는데, 여기에는 고객을 내 집에 온 손님처럼 대할 것, 편하게 사용할 수 있는 개인적인 인사말을 가질 것 등의 내용이 포함되어 있다. 손님의 액세서리를 자연스럽게 칭찬하거나 날씨에 대해 간단한 수다를 떠는 식이다. 계산대에 여러 명의 직원을 배치해 서비스 시간을 최소화하면서, 짧은 순간 편안한 인사 한마디를 나누게 해 고객이 이곳을 다시 찾고 싶게 만드는 것이다.

당연히 고객 접점 직원의 역할이 중요하다. 프레타망제는 천성적으로 유머 감각이 있는 사람, 사교적이고 활달한 성격의 소유자를 직원으로 채용한다. 지원자는 실제 매장에서 하루 동안 실습 테스트를 거치기도 하는데, 일이 끝나면 전 직원의 투표를 통해 새 멤버로 채용할지 여부를 결정한다. 만약 통과되지 못하면 하루 일당을 받고 떠날 수밖에 없다. '프렛 버즈'를 만들기 위해서는 팀워크가 최우선돼야 하고, 함께 즐겁게 일할 수 있는 사람들로 팀을 구성해야 하기 때문이다.

이렇게 프레타망제는 단지 맛있는 샌드위치 가게가 아닌 기분 좋게 재충전할 수 있는 공간이 되었다. 방문객들의 악평을 찾기 어려울 정도로 고객 만족도가 높고, 단골 고객도 많다. 지난 10년간 20% 내외의 연매출 성장률을 유지하고 있을 뿐 아니라 패스트푸드 대국인 미국에서도 매장당 매출이 맥도날드에 이어 2위에 올랐다. 2014년에는 매출이 전년 대비 17% 증가할 것으로 예측되자, 전 직원들에게 두둑한 보너스를 챙겨줄 것을 약속했다.

진심 어린 사과, 위로에 익숙해져라

공감과 위로, 진심을 담은 말 한마디는 고객의 마음을 움직이고 행동을 변화시킨다. 인간적인 관계를 맺으면, 기업의 잘못이나 실수에도 관대해진다. 물론 여기에는 전제 조건이 있다. 제품과 서비스의 가치가 명확하고 품질이 뒤지지 않아야 한다. 멋진 다이아몬드가 있었기에 남자의 한마디에 여자의 마음이 흔들렸고, 맛있고 질 좋은 샌드위치가 있었기에 프레타망제가 성공을 거둘 수 있었다.

반대로 훌륭한 상품을 내놓고 오만한 태도로 일관한다면, 고객의 지갑은 열 수 있을지 몰라도 마음은 얻지 못한다. 막대한 돈을 기부하는 기업이라도 고객에게 일상적인 공감과 위로를 표현하는 데 인색하다면 사회적 지지를 받기 어렵다. 비싼 다이아몬드를 선물하고도 물질적인 관계로 끝나버리는 꼴이 된다.

Marketing Insight
고객 접점에 브랜드 개성을 입혀라

기업과 고객이 만나는 서비스 접점은 차별화된 브랜드 가치를 가장 직접적으로 전달할 수 있는 곳이다. 상냥하고 친절한 응대가 기본이지만 예절과 공손함에 치중한 단조로운 대화는 오히려 브랜드 개성을 전달하는 기회를 가로막는 자충수가 될 수 있다. 활동적인 이미지를 강조하기 위해 요가 전문가를 매장 직원으로 고용한 스포츠의류 브랜드 룰루레몬(Lululemon)은 '브랜드를 입힌 고객 접점(branded service encounter)' 전략에 성공한 사례로 꼽힌다. 고객과 접하는 직원의 외모와 매너, 행동을 브랜드 개성과 최대한 일치시켜 기업의 차별화된 정체성을 효과적으로 전달하기 때문이다.

애리조나 주립대학 메리 비트너(Mary Bitner) 교수의 실험은 고객 접점 브랜딩이 고객 만족과 브랜드 평가에 미치는 영향을 설명한다. 세련된 이미지의 고급 백화점과 거친 느낌의 아웃도어 브랜드를 비교해보자. 온라인으로 주문한 상품의 치수가 맞지 않아 교환을 요청하려고 전화를 건 고객에게 공감을 표현하고 싶다면 어떻게 해야 할까? 고급 백화점은 정중하게 "정말 유감스러운 일이네요(I'm sorry that happened)"라고 응대하고, 아웃도어 브랜드는 활기찬 목소리로 "세상에 저런!(Well bless your heart!)"이라고 응대했을 때 소비자들의 브랜드 선호도, 품질 평가가 높아지고, 경쟁사 제품보다 높은 가격을 지불할 의향도 커졌다.

반대로 세련된 백화점의 직원이 거친 말투로, 아웃도어 브랜드의 직원이 격식을 차린 표현을 사용했더니 고객 선호도, 서비스 평가 수준은 큰 폭으로 떨어졌다. 실험 참가자들은 "직원이 친절하고 상담 내용은 도움은 됐지만 내가 생각하는 브랜드 이미지와 일치되지 않았다", "격식을 차리지 않는 대화는 브랜드가 지닌 도도한 이미지와 어울리지 않는 것 같다"고 말했다. 여기에는 브랜드의 개념적 유창성(brand conceptual fluency)이 작용한다. 브랜드 개성과 접점 직원의 태도 간의 일치성이 높아질수록 고객이 정보를 처리하기 쉬워지고, 결과적으로 브랜드를 더 긍정적으로 평가하게 된다는 의미다.

이런 현상은 인지도가 낮은 브랜드나 신생 브랜드에게 더 강하게 나타난다. 유명 브랜드의 경우 고객이 이미 많은 정보와 지식을 지니고 있어 고객 접점에서의 새로운 경험을 통해 태도가 변화될 가능성이 낮다. 반면 소비자들은 잘 알지 못하는 브랜드에 대해서는 정보를 처리하려는 노력을 기울이기 때문에 처음 접하는 직원이 브랜드 이미지와 정체성을 형성하는 데 중요한 역할을 하게 된다.

고객 접점 브랜딩 성공의 또 다른 관건은 직원의 진심, 진정성이다. 고급 브랜드의 직원이 세련된 말투로 이야기하고 거친 브랜드의 직원이 격식 차리지 않는 편안한 표현을 사용한다 해도 내면적인 성향을 숨기거나 진심이 느껴지지 않는다면 직원 행동과 브랜드 개성의 일치성의 효과는 줄어든다. 따라서 프레타망제니 시 우·스웨스트항공처럼 채용 단계부터 브랜드 개성, 정체성과 일치하는 성향을 지닌 직원을 선별하는 노력이 필요하다.

채용 후에도 다양한 프로그램을 통해 기업이 추구하는 브랜드 가치가 직원에게 체화되도록 해야 한다. 나이키는 매장의 신참 직원들이 기업 미션, 브랜드 고유성을 마음 깊이 이해하고 공감할 수 있도록 루키 캠프와 스토리텔링 프로그램을, 스타벅스는 바리스타들에게 브랜드 의미와 가치를 감각적으로 전달하는 리더십 랩을 운영한다.

말하자면 접점 직원의 한마디 말과 작은 몸짓에서 브랜드 정체성과 진정성이 느껴지도록 하려면 브랜드 개성과 일치하는 성향의 직원을 발굴하고 기업의 비전과 정체성을 공유하는 내부 브랜딩(internal branding)이 병행되어야 한다. 판매 매장, 콜센터, 서비스센터 등 고객 접점의 직원들이야말로 기업 내부의 핵심 고객이라는 뜻이다.

04
유머, 반전 매력 넘치는 '뇌섹 기업'

지난 4월 25일 오바마 미국 대통령은 백악관 출입 기자단 연례 만찬에서 특유의 입담으로 연회장을 웃음바다로 만들었다. 1920년부터 이어져온 이 만찬은 대통령이 정책 현안이나 정치계 유력 인사를 소재로 풍자와 농담을 늘어놓는 전통으로 유명하다.

오바마는 미국이 불확실한 시대를 지나고 있음을 언급하며 "매년 수백만 달러를 벌던 친구가 지금은 아이오와 주 길바닥에서 밴 생활을 하고 있을 정도"라고 말했다. 대선 출마를 선언한 후 '대중 속으로'를 외치며 차량 유세를 펼치고 있는 힐러리 전 국무장관을 농담 소재로 삼은 것이다. 힘든 대통령 생활로 하루가 다르게 늙어가는 자신과 달리 아내 미셸은 전혀 나이 들어 보이지 않아 그 비결을 물었더니 "그저 신선한 과일과 채소"라고 하더라며 "정말 약 올라!" 하고 불평하기도 했다. 또 '분노 통역사'로 고용된 코미

오바마 대통령의 연설을 키건 마이클 키가 우스꽝스러운 몸짓으로 통역하고 있다.

디언 키건 마이클 키(Keegan Michael Key)가 점잖게 이야기하는 오바마의 속마음을 과장된 몸짓과 표정으로 통역해 청중들의 폭소를 자아냈다.

재치 · 유머의 힘

오바마는 2015년 초 공적 의료보험 가입을 독려하는 2분짜리 동영상을 제작해 온라인 매체 버즈피드(BuzzFeed)를 통해 공개했다. 셀카봉으로 사진을 찍고 거울 앞에서 〈007 시리즈〉의 제임스 본드를 흉내 내는 등 백악관에서 홀로 시간을 보내는 대통령의 모습을 우스꽝스럽게 연출했다. 보험 가입 마감일이 2월 15일을 강조하고 가입을 권유하기 위해 '몸 개그'도 마다하지 않았던 것이다.

이 동영상은 공개 4일 만에 조회 수 4100만 회 이상을 기록해 '오바마 케어'의 홍보 역할을 톡톡히 했다. 미국을 넘어 전 세계 수많은 사람이 대통령 오바마에게 더 가깝고 친근한 느낌을 갖게 된 것은 당연지사다.

유머 감각이 있는 사람은 성숙하고 건강한 사람, 사회적 능력이 뛰어난 사람으로 인식돼 호감의 대상이 된다. 직장에서 유머는 동료 간 친밀감을 높이고 조직에 활력을 불어넣어 기업 경쟁력을 상승시킨다. 얼마 전 취업 포털 사이트 잡코리아가 실시한 조사에서도 직장인이 가장 뽑고 싶은 신입 사원의 조건으로 '재치와 유머 감각'이 '지적 업무 능력'에 이어 두 번째로 꼽혔다.

'유머도 함께 판다'는 원칙으로 '펀 경영'을 지향해온 사우스웨스트항공은 무엇보다도 고객과 직원의 즐거움을 강조한다. "흡연을 원하시는 고객은 비행기 날개 위 스카이라운지를 이용해주세요. 그곳에서는 〈바람과 함께 사라지다〉가 상영되고 있습니다." 이 기내 금연 안내 방송은 이 회사의 유머 감각을 단적으로 보여준다. 창업자인 허브 켈러허(Herb Kelleher)는 엘비스 프레슬리 옷차림이나 토끼 분장으로 출근하는 등 유머러스한 경영자로 잘 알려져 있다. 이러한 기업 문화는 뛰어난 재무 성과와 브랜드 명성으로 이어진다. 사우스웨스트항공은 지난 42년간 연속 흑자를

기록했을 뿐만 이니라 『포천』이 발표하는 '가장 존경받는 기업' 7
위(2015년)에 올랐다.

고객과의 소통에서도 유머는 메시지 전달을 원활하게 하는 윤
활제 역할을 한다. 제품의 혜택만을 늘어놓기보다 유머를 더하면
메시지를 반박할 가능성은 떨어지고 제품이나 브랜드에 대한 긍
정적인 감정을 이끌어낼 수 있다. 미국에서는 피부암 예방을 위한
공익광고 캠페인에도 웃음 요소를 가미해 자외선 차단제 사용률
을 20% 높이는 효과를 창출했다.

스마트한 유머 사용법

소비자를 웃게 만드는 유머 코드는 다양하다. 자극적인 소재, 과
장된 몸짓은 주목도를 높이고 강렬한 인상을 심어준다. 특정 용어나
음악을 반복적으로 사용해 유행어를 만들기도 한다. 모바일 쇼핑 앱
'쿠차'의 광고는 개그맨 신동엽이 "싸다구!"라는 소리와 함께 따귀
를 맞는 장면을 반복적으로 보여준다. 모델의 익살스러운 표정, 독
특한 카피가 재미를 더해 '쿠차는 싸다'는 연결 고리를 만들었다.

어두운 현실과 사회적 문제를 소재로 삼아 상품 가치를 알리는
냉소적 유머는 타깃 고객과 공감대를 형성하는 데 효과적이다. 청
년 실업, 열정페이, 갑질 논란 등 현재 한국의 청년들이 처한 비극

'싸다구'라는 소리와 함께 신동엽이 따귀를 맞는 장면이 반복되면서 소비자 웃음을 터뜨리는 모바일 쇼핑 앱 '쿠차'의 광고이다.

적 상황을 풍자한 아르바이트 정보업체 알바몬의 광고를 예로 들 수 있다. 대한민국 법정 최저 시급이 무려 370원이나 올라 5580원이 되었다며 이마저도 제대로 받지 못하면 당장 알바몬에서 새로운 일자리를 구하라는 내용이다. 여기에 "알바가 갑이다"는 반어적 표현을 사용해 보는 이들로 하여금 씁쓸한 웃음을 짓게 만든다.

예상치 못한 상황에서의 기지 있는 대응은 브랜드의 인간적 매력을 더욱 깊어지게 한다. 해충 방제 기업 세스코는 2000년 인터넷 게시판을 오픈한 이후 고객의 엉뚱한 질문에도 재치 있는 답변을 해 입소문의 주인공이 되고 친근한 이미지를 구축할 수 있었다. 고객이 "바퀴벌레나 모기를 영양식으로 먹어도 괜찮을까요?"

물이 끓으면 새소리가 나는 버드케틀과 인종 화합의 의미를 담은 허그 소금·후추통이다.

라고 물으면 해충 전문가가 "모기와 바퀴벌레 등의 해충은 고단백질로 영양가가 높습니다. 그러나 수십 종의 병원균을 지니고 있으니 사전 처리를 잘하고 드셔야 합니다"라고 답하는 식이다.

유머 감각은 제품 디자인으로도 표현된다. 1985년 이탈리아 생활용품 업체 알레시(ALESSI)는 건축가 마이클 그레이브스(Michale Graves)에게 디자인을 의뢰해 물이 끓으면 주둥이에 앉은 작은 새가 새소리를 내는 '버드케틀(Bird Kettle)'을 출시했다. 이 유쾌한 제품은 지난 30년간 전 세계 소비자들의 사랑을 받는 베스트셀러 자리를 지켜왔다.

따뜻한 메시지를 담은 디자인도 잔잔한 미소를 짓게 한다. 콜롬비아 출신 디자이너 알베르토 만틸라(Alberto Mantilla)가 제작한 허그(Hug) 소금·후추통은 흰색 소금통과 검은색 후추통이 서로를 감싸 안는 모양으로 인기를 끌었다. 피부색과 상관없이 모두가 열정과 존경심을 가지고 서로를 대해야 한다는 인종 화합의 염원을 보여주는 이 제품은 2003년 IDEA 디자인 어워드에서 은상을 받기도 했다.

반면 제품과 연계성이 없는 자극적이기만 한 유머는 소비자의 관심 끌기에는 성공할지라도 메시지 전달과 설득에는 실패한다. 2013년 미국 너츠 회사 원더풀 피스타치오(Wonderful Pistachios)는 〈강남스타일〉로 세계적인 유명세를 떨치던 가수 싸이를 슈퍼볼 시즌 광고의 모델로 기용했다. 광고는 싸이가 피스타치오 인형들과 말춤을 추는 내용이었다. 요란한 음악과 춤이 많은 사람들의 시선을 끄는 데는 성공했지만, 전문가들은 "너츠 애호가들의 취향은 전혀 고려하지 않고 모델의 인기에만 의존한 '게으른' 광고"라는 악평을 내놓았다.

반전 매력 뽐내는 '뇌섹 기업' 돼야

유머 감각이 풍부한 사람은 창의력과 순발력은 물론 타인의 복잡한 감정 상태를 이해하고 배려하는 공감력이 뛰어나다. 이런 정서적 교감 능력은 스트레스 상황을 극복하는 데도 효과적이다. 사우스웨스트항공은 불만 고객을 관리하는 과정에서도 순발력과 섬세함을 발휘한다. 화난 고객이 이메일을 보내면 사용된 단어를 재빨리 소프트웨어로 분석해 감정형(Feelers), 추진형(Drivers), 오락형(Entertainers), 사고형(Thinkers)이라는 4개의 성격 유형으로 분류해 맞춤식으로 대응한다. 위로받기 원하는 감정형 고객에게는 모든 것이 잘 해결될 것이라는 확신을 주고, 문제 해결의 요점과 결과를 알고 싶어 하는 추진형 고객에게는 핵심 내용을 일목요연하게 전달한다.

지금 한국 사회에서는 집안, 학력, 외모 등 훌륭한 조건을 두루 갖춘 '엄친아(엄마 친구 아들)'에 이어 주관이 뚜렷하고 언변이 뛰어나며 유머러스한 '뇌섹남(뇌가 섹시한 남자)'이 대세다. 자신만의 취향과 개성을 재치 있게 전달하는 대상을 선호하는 현상은 소비 시장에서도 그대로 나타난다. 우수한 품질과 기술력, 뛰어난 디자인을 갖추고 오랜 역사를 자랑하는 기업이라도 남다른 개성과 여유로운 멋이 느껴지지 않으면 그다지 매력적이지 않은 모범생 수준에 머무른다.

쫓고 쫓기는 긴박한 상황 속에서 유머는 실없는 우스개로 여겨질 수 있다. 그러나 경영자나 정치인의 위트 있는 한마디가 대중을 매료시키듯 기업도 신선한 유머로 반전 매력의 주인공이 될 수 있다. 세계 최대 IT 기업 구글은 매년 만우절이면 소소한 장난으로 유머 감각을 발휘한다. 2015년에는 구글맵을 사용한 팩맨(Pac-Man) 게임을 깜짝 이벤트로 선보였다. 타지마할이나 개선문 같은 세계적인 명소부터 평양, 심지어 내 집 앞까지 구글맵으로 볼 수 있는, 모든 장소를 배경으로 즐길 수 있는 게임에 전 세계인이 열광했다. 구글의 유머는 '구글다움(Googliness)'에서 나온다. 수평적이고 개방적인 업무 환경, 스스로 통제 가능한 느슨함을 즐기는 '구글리'한 직원들이 만드는 구글다움 말이다.

엄친아의 조건을 어느 정도 갖춘 기업이라면 지적이면서도 유쾌한 '뇌섹 기업'으로의 변신을 시도해보는 것이 어떨까.

PART 04

브랜딩 불변의 법칙,
고객과의 로맨스

"피노(pinot)는 정말 키우기 힘든 품종이죠. 껍질이 얇고, 신경질적이고, 게다가 금방 익어버려요. 대충 방치해둬도 잘 자라는 카베르네(cabernet)와는 전혀 달라요. 지속적인 보살핌과 관심을 요구합니다. 사실 가장 인내심 많고 능숙한 재배자들만 다룰 수 있는 품종이죠. 피노의 잠재력을 충분히 이해하고 시간을 들여 풍부한 맛과 향을 끄집어내도록 달랠 줄도 알아야 해요."

두 친구가 캘리포니아 와이너리 투어를 떠나는 내용의 2004년 영화 〈사이드웨이(Sideways)〉에서 주인공 마일즈가 포도 품종 피노와 카베르네를 비교하며 한 말이다. 그는 피노 누아를 광적으로 좋아하는 와인 애호가다.

오늘날 소비 시장은 전문적인 지식과 인내심을 지닌 최고의 재배자만이 잠재력을 일깨워주는 피노를 닮아간다. 질 좋은 제품만으로 만족스러워하던 소비자들은 이제 제품은 물론 조직의 윤리 의식부터 CEO의 사생활까지 기업의 일거수일투족에 민감하게 반응한다. 외면당하지 않으려면 소비자의 심한 변덕에도 인내심을 가지고 관심과 노력을 기울여야 한다. 기업 형편에 따라 신제품을 개발하거나 적당한 서비스를 제공하는 카베르네 방식의 마케팅으로는 까칠하지만 매력적인 피노형 고객들의 잠재력을 충분히 이끌어내기에 부족하다.

중요한 것은 소비자를 단순한 제품 구매자나 사용자가 아닌 일상적으로 만나고 대화하는 친구나 연인처럼 대하며 교제하는 과정을 거쳐야 한다는 것이다. 인기가 많은 사람은 자기주장도 분명하지만 남의 말에 귀 기울이고 상대방이 원하는 것을 정확하게 파악하듯이, 기업도 목표 고객의 취향과 관심사 그리고 불편함을 감지하는 기술을 갖춰야 한다.

누군가를 만나 사랑하는 사이로 발전해가는 과정 자체도 힘들지만, 만족스러운 관계를 유지하기는 더욱 어렵다. 이상적인 부부 관계는 신뢰를 바탕으로 서로가 더 나은 모습으로 발전할 수 있도록 지지하는 사이다. 상대방의 자아실현 욕구를 충족시켜준다면 부부 생활의 만족도는 더할 나위 없이 높아진다. 브랜드와 고객과의 관계도 다를 바 없다.

나아가 기업은 고객과 일평생을 함께하는 완전한 관계를 꿈꿔야 한다. 최근 들어 성인 고객에 집중했던 기업들이 어린아이들을 위한 상품을 선보이는가 하면 아동 시장에 전문화된 브랜드가 노년층으로 시장을 확대하는 사례가 늘고 있다. 피노를 재배하는 정성과 노력, 그리고 인내심을 갖춘다면 말 그대로 '요람에서 무덤까지' 고객의 일생 동안 사랑받는 브랜드가 될 수 있을 것이다.

01
사교의 기술이 경쟁력이다

"연애결혼 하셨어요, 중매결혼 하셨어요?"

회식 자리에서 '공장 이야기' 말고 다른 이야기를 하자고 할 때 '자녀가 어떻게 되는지' 다음으로 나올 법한 질문이다. 남녀 관계는 물론, 개성 강한 독특한 친구 이야기, 오랜 친구와 절교를 선언할 수밖에 없었던 쓸쓸한 사연까지 우여곡절 많은 인간관계에 대한 이야기는 남녀노소 모두의 관심사다.

소비자와 기업의 관계도 흥미롭다. 기계적으로 제품을 만들어 파는 생산자와 가격에 맞춰 선택하는 구매자라는 거래적 관계는 이제 서로의 성격, 능력, 취향까지 고려하는 생명력 있는 관계로 진화했다. 소비자의 마음을 얻기 위해 고민하는 브랜드, 좋아하는 브랜드의 신제품 출시를 눈 빠지게 기다리는 고객은 밀고 당기는 애정 관계의 주인공들이기도 하다.

소비자와 브랜드 간의 '인간적 관계'는 다양한 유형으로 설명된다. 고된 업무 후에도 음주를 피할 수 없는 샐러리맨의 애환, 팍팍한 삶 속에서도 지킬 것은 지킨다는 젊은이의 모습, 대한민국 알바생 또는 학부형으로 사는 고달픔 등을 주제로 광고를 만들어온 박카스는 "그래, 많이 힘들지?"라며 다독여주는 인생 선배의 모습을 보여준다. 수많은 소비자들과 따뜻한 추억을 공유하며 국민 브랜드로 자리매김한 초코파이는 정감 어린 소꿉친구다.

누구와 어떻게 사귈 것인가

컬트 브랜드의 대명사 할리데이비슨은 고객과 서로를 구속하는 중독성 있는 사랑을 나누는 연인이고, 나이키는 고객과 매일 만나 건강관리를 함께하는 운동 파트너가 되었다. 세계 어디서나 편리하게 사용하는 아멕스 카드는 업무를 완벽하게 수행하는 든든한 비서 역할을 한다. 업무 시간 몰래 스트레스를 푸는 게임 사이트나 웹툰과는 비밀스러운 관계가, 이동통신 업체와는 당장 헤어지고 싶지만 약정에 묶여 어쩔 수 없이 참고 사는 계약 결혼 관계가 되었다. 어린 시절 크리스마스 선물 1순위였던 소니 워크맨은 그저 바라만 봐도 흐뭇한 첫사랑이 아니었을까.

한때 애플은 맥(Mac)을 캐주얼한 옷을 입은 쾌활한 젊은이로,

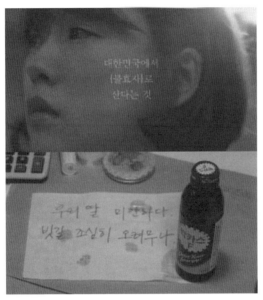

박카스는 일상생활에서 부딪히는 삶의 한 단면을 광고 소재로 삼아 인간적인 제품이라는
이미지를 부각시킨다.

IBM PC는 구식 양복을 입은 고리타분한 아저씨로 묘사한 TV 광
고 시리즈를 내보냈다. "당신이라면 어떤 스타일의 사람과 교제
하고 싶은가?"를 질문하며 자신의 매력을 어필한 것이다. 교제 대
상에 대한 평가 기준이 제각각인 것처럼 소비자들은 자신의 가치
관에 따라 기업과 제품을 선택한다. 현실적인 사람이 배우자를 고
를 때는 학벌이나 직업을 살피듯이, 실용적인 소비자들은 제품의
기능과 성능, 애프터서비스 수준을 꼼꼼하게 따진다. 연애 상대는

무조건 예쁘거나 잘 생겨야 한다고 생각하는 사람이라면 성능은 조금 처지더라도 디자인이 우수한 제품에 매력을 느낄 것이다. 다른 어떤 조건보다 인품을 중요시하는 사람은 기업의 윤리 경영 수준이나 친사회적 활동을 중시할 가능성이 크다. 학벌, 외모, 성품까지 따지는 눈 높은 소비자들이 많아질수록 기업이 파트너로 선택받기는 어려워질 수밖에 없다.

고객과 '밀당'하라

기업 입장에서도 오랜 시간을 함께할 가치 있는 파트너 고객을 고르는 안목이 필요하다. 연령대, 주거 지역, 라이프스타일, 소득 등 여러 조건에 맞는 목표 고객을 설정해야 한다. 할인 시즌에 잠시 왔다 사라지는 철새 고객, 사기성 짙은 블랙컨슈머도 가려낼 수 있어야 한다. 2012년 국내 신용카드사 6개 중 4개사가 상위 0.05%의 VVIP(Very Very Important People) 회원에 대한 혜택 프로그램으로 평균 23억 원 이상의 적자를 본 것처럼, 고소득층의 큰손 고객이라도 자신의 권한을 남용하거나 유지비가 너무 큰 경우 관계를 정리할 필요가 있다.

고객에게 다가가는 방식도 현명하게 판단해야 한다. 많은 기업이 고객과 최대한 자주 만나서 많은 대화를 나눌수록 관계가 더

가까워진다고 생각하는데, 큰 착각이다. 2010년 쏘레스터리서치 (Forrester Research)가 10대 소비자들을 대상으로 조사한 결과, 기업 블로그나 SNS 등을 통해 기업과 직접 대화하기를 즐기는 비중은 16%에 불과했다. 오히려 대다수 10대는 원치 않는 간섭을 하거나 주변을 어슬렁거리는 브랜드에 강한 불쾌감을 표현했다. 쿨한 관계를 선호하는 이들은 직접적인 구애보다 브랜드 콘셉트 스토어 같은 공간에서 또래끼리 자유롭게 만날 수 있도록 해주고, 은근한 방식으로 메시지를 전달하는 것을 더 좋아한다.

사교성이 좋은 사람들은 상대방의 생각, 마음, 고민을 이해하려고 노력한다. 만남을 앞두고 급하게 상대의 근황을 살피지 않고, 일상적으로 관심을 기울이고 관찰하여 진정한 우정과 사랑의 결실을 맺는다. 세계 최고의 마케팅 강자로 인정받는 피앤지도 오랫동안 온갖 노력을 다해 고객의 마음을 사로잡는 기술을 체득할 수 있었다.

말하지 않아도 알아주는 애인 같은 기업

창사 이래 피앤지가 고수해온 성공 공식은 '소비자가 원하는 것이 무엇인지 알아내고 그것을 제공하는 것'이다. 그 실천은 1925년 설립된 시장조사부서에서 시작되었는데, 기업 경영 역사에서 마케팅 리서치 조직의 효시라 할 수 있다. 초대 팀장을 역임한 스멜 서(Smelser) 박사는 본사 임원 회의에서 경영진 앞으로 걸어가 난데없는 질문을 한 일화로 유명하다. "사람들은 아이보리 비누로 손과 얼굴 중 어디를 더 씻을까요?" 제품만 생각하는 경영진의 시각을 넓혀 소비자가 제품을 언제 어떤 용도로 사용하는지 그래서 기분은 좋은지까지 고민하게 만든 순간이었다.

피앤지는 수천 명의 대졸 여성 조사원을 고용하여 소비자들이 가정에서 요리, 설거지, 세탁을 할 때 자사는 물론 경쟁사 제품까지 어떻게 사용하는지를 조사하고 보고하도록 했다. 조사원들은 아무런 도구 없이 자연스럽게 주부들과 대화하고 행동을 관찰하도록 교육받았는데, 조사 내용을 잊지 않고 기록하기 위해 자동차로 부리나케 뛰어간 적도 많았다고 한다.

1941년에 세계 최초로 고객 관계(Consumer Relations) 부서를 설립했고, 1960년대부터는 전화와 우편을 사용해 방문 조사를 대체할 장거리 조사 방법을 활용하기 시작했다. 1973년에는 콜센터 서비스, 1980년대에는 이메일 서비스를 시작했고, 2000년대에 들어서는 심리학, 인류학, 사회학적 관점을 접목시킨 혁신적인 조사 방법을 시도하면서 새로운 흐름을 만들어가고 있다.

제품이 소비자의 생활 속에서 어떻게 사용되고 있고, 어떻게 사용뇌어야 하는지를 파악히기 위한 오랜 노력은 오늘날 피앤지가 마케팅 최강자로서 위상을 확보할 수 있는 근간이 되었다. 고객이 미처 깨닫거나 말하기 전에 욕구와 불만을 감지하는 기업, 무슨 말이 듣고 싶은지, 무엇을 먹고 싶은지 말하지 않아도 내 마음을 읽어주는 상대를 누가 미워할 수 있을까.

고객의 '무엇'이 되고 싶은가

한때 소니는 고객들에게 '펫(pet)' 같은 제품 만들기를 목표로 삼았다. 24시간 곁에 두고 싶고, 만져보고 싶은 사랑스러운 대상이 되고 싶었던 것이다. 지금 소니의 위세가 많이 약해진 것은 사실이지만 고객을 대하는 근본적인 자세에서는 여전히 배울 점이 많다. 고객의 펫이 되고 싶다는 소니의 마음은 단순히 높은 수익과 점유율을 좇기보다는 사람의 마음을 위로하고 교감하고자 하는 기업의 태도를 보여준다.

한국 기업과 제품은 소비자들에게 어떤 대상으로 비칠까? 자기 이익 추구에만 급급한 탐욕적인 폭군으로 보이는 것은 아닌지, 무심코 쓰고 버리는 물건이 된 것은 아닌지 점검해봐야 한다. 만약 그렇다면 지금부터라도 일상 속에서 함께 추억을 만들고 교감을 나누는 즐거운 교제 대상으로 변신해야 한다. 나아가 기업의 역량과 소비자의 특성에 맞춰 로맨틱한 연애의 대상이 될지, 진중하고 믿음직스러운 신뢰의 대상이 될지, 상대를 애타게 하는 얄밉지만 사랑스러운 대상이 될지를 정해야 한다. 고객을 단순히 구매자(purchaser)가 아닌 교제의 대상(human)으로 바라본다면, 좋은 제품을 만드는 기업을 넘어 인간적인 매력이 느껴지는 기업으로 거듭날 수 있을 것이다.

브랜드와의 연애 8단계

브랜드 전문가 팀 할로란(Tim Halloran)은 2014년 저서 『브랜드와의 로맨스(*Romancing the Brand*)』를 출간하며 소비자와 브랜드의 관계가 발전해가는 8단계를 소개했다. 저자는 처음에는 브랜드가 소비자와 인간적인 관계를 맺는다는 것이 터무니없는 일이라고 생각했지만, 수차례 인터뷰를 통해 실제로 소비자가 특정 브랜드를 남자 친구나 가족처럼 여기는 경우가 많다는 것을 알게 됐다고 한다. 다음은 브랜드의 입장에서 고객 관계를 발전시켜가는 8가지 단계다.

1. 브랜드 스스로 자신을 이해해야 한다. 자신을 제대로 알지 못하면 다른 브랜드와 다른, 특별한 브랜드가 될 수 없다. 특히 고객과 감정적으로 연결될 만한 상품 혜택을 명확하게 정의할 수 있어야 한다.

2. 브랜드의 기능, 감정, 사회적 혜택과 일치하는 이상적인 소비자 유형을 판단해야 한다. 예를 들어 로컬 맥주 도스 에퀴스(Dos Equis)는 사회적 활동이 왕성하고 저녁에 서로 어울리기 좋아하는 남성을 이상형으로 삼았다. 이에 맞춰 자신을 '지겨울 틈이 없는, 세상에서 가장 재미있는 남자'로 포지셔닝해 광고를 만들고 TV 프로그램 〈새터데이 나이트 라이브(Saturday Night Live)〉를 스폰서해 미국 시장

에서 6번째로 큰 맥주 브랜드로 성장했다.

3. 연인들이 그렇듯 소비자와 브랜드의 첫 몇 번의 만남은 그냥 아는 사이로 남을지 더 깊은 관계로 발전할지를 결정하는 중요한 시간이다. 뭔가 특별하고 기억될 만한 경험을 나누어야 서로를 더 자주 만나고 싶어진다. 치아시드로 만든 건강 음료 맘마치아(Mamma Chia)의 경우 출시 초기 CEO 제니 호프만(Janie Hoffman)이 직접 친환경 슈퍼마켓을 다니며 고객 한 명 한 명에게 치아시드의 효력을 설명했다. 이런 만남을 바탕으로 맘마치아는 완전히 새로운 음료 카테고리를 개척한 브랜드가 되었다.

4. 이제는 서로가 노력하는 관계로 접어든다. 좋아하는 사람이 생기면 세상에 알리고 싶어 하는 것이 인간의 본능이듯, 특정 브랜드에게 애정을 품게 된 소비자는 제품과 브랜드에 대해 주변 사람들에게 이야기하기를 원한다. 이때 기업은 고객들이 자사 브랜드를 최대한 풍부하게 경험하도록 하고 그들의 이야기가 자연스럽게 주변으로 확산되기를 기다려야 한다.

5. 관계가 깊어지면 고객은 브랜드가 자신을 위해 존재한다고 믿게 된다. 이 단계는 브랜드가 고객을 더 로맨틱하게 대하고, 고객은 기업 제품에 대한 결속감을 느끼는 관계의 절정기다. 디즈니나 할리데이비슨처럼 충성 고객들이 모여 막강한 브랜드 커뮤니티를 형성하기도 한다.

6. 지금부터는 관계의 신선도를 유지하는 것이 중요하다. 새로운

시도와 혁신을 통해 고객의 애정이 식지 않도록 노력해야 한다. 애플이 40년 동안 꾸준히 생생한 젊은 느낌을 주는 것은 혁신의 흐름을 지속적으로 유지하며 진화해가기 때문이다.

7. 소비자와 브랜드 관계에서도 위기가 나타난다. 연결이 서서히 약해지거나 드라마틱한 사건이 발생하기도 한다. 이때 브랜드가 어떻게 대응하는지에 따라 관계 회복의 여부가 결정된다. 소비자들의 건강에 대한 우려가 커지자 치리오스(Cheerios)는 유전자 변형 식재료 사용을 일체 중단한다는 과감한 결정을 내렸다. 이후 관계는 더욱 돈독해졌을 뿐 아니라 이전에 떠났던 고객들까지 다시 돌아오는 성과를 이뤘다.

8. 좋은 관계도 언젠가 끝날 수 있으니 이별을 준비해야 한다. 상품을 교체하며 기존 관계를 보정하거나 완전히 다른 소비자들을 찾아 새로운 관계를 맺을 수도 있다. 브랜드가 완전히 사라지기도 한다. 코카콜라는 1980년대 야심차게 출시한 뉴코크를 조기 철수하는 고통을 겪었지만 뼈아픈 경험을 토대로 코크 제로 등 차기 신제품 개발에서 실패 확률을 최소화할 수 있었다.

02

공간 브랜딩, 연인을 초대하는 마음으로

영화 〈그녀(Her)〉에서 주인공 테오도르는 인공지능 운영 체제인 사만다와 사랑에 빠진다. 지적이고 위트 있는 사만다와 하루 종일 수다를 떨고 여행을 떠나는가 하면 동료 커플과 더블데이트도 즐긴다. 감정이 깊어질수록 테오도르는 뺨을 맞대고 체온을 나눌 수 있는 인간 사만다를 원하게 된다. 그러나 둘 사이에는 시공을 초월한 공간이 존재하고, 실체 없는 소프트웨어와 인간의 간극은 점점 커져간다.

2015년 아마존은 시애틀에 있는 워싱턴 대학 근교에 오프라인 서점을 오픈했다. 북스토어 담당 부사장 제니퍼 캐스트(Jennifer Cast)의 표현을 옮기자면, '아마존닷컴의 물리적 확장(a physical extension of Amazon.com)'이다. 고도의 기술로 고객 개개인에게 최적의 맞춤 서비스를 제공해온 가상의 존재가 물질계로 이동한

섯이나. 사만다에게 육체기 주어진 셈이다. 수많은 서점을 폐점 시키며 비난을 샀던 아마존이 오프라인으로 진출한 의도는 무엇일까?

소소한 즐거움이 가득한 서점

아마존의 대표 상품 킨들의 매출은 2012년 이후 감소 추세를 보였다. 2014년 크리스마스 시즌 판매량은 전년 대비 70%나 줄었다. 이런 시점에 새로 문을 연 시애틀 매장은 이북(ebook)에 익숙하지 않거나 킨들 구매를 주저하던 소비자들에게 확신을 주고 구매 욕구를 불러일으키는 체험 공간이 될 수 있다. 물리적 경험을 통해 계획하지 않았던 구매를 일으킬 가능성도 크다.

온라인과 오프라인 채널을 연계한 O2O(Online to Offline) 효과도 기대된다. 아마존닷컴에서 주문한 책을 오프라인 매장에서 픽업하거나 오프라인 매장에서 본 책을 온라인으로 주문하는 식이다. 실제로 아마존 서점에 진열된 책에는 가격이 표시돼 있지 않다. 대신 바코드 스캐너로 스캔하면 아마존닷컴에서 판매되는 가격이 나타난다. 시애틀 매장 직원들도 소비자들이 매장에서 상품을 둘러보고 구매는 온라인에서 하는 쇼루밍(showrooming)을 권장한다.

카페와 서점을 겸한 서울의 한 서점의 모습이다.

여러 해석의 밑바탕에는 1980년대부터 2000년대 초반 사이에 출생한 밀레니얼(Millennial) 세대의 아이러니한 소비 성향이 존재한다. 출판업계 전문 컨설팅업체 퍼블리싱 테크놀로지(Publishing Technology)의 조사에 의하면 미국 밀레니얼 소비자의 52%는 직접 서점을 방문해 서적을 훑어본 후 구매를 결정한다. 인터넷과 모바일 기기를 자유자재로 사용하는 이들이지만, 79%는 여전히 종이책을 선호해 2014년 2학기 대학 교재가 이북으로 판매된 비중은 9%에 머물렀다.

밀레니얼 소비자들에게 서점은 단순히 책을 구매하는 곳이 아니라 여가와 사교의 장소다. 진열대에서 우연히 좋은 책을 발견하는 소소한 즐거움, 저자와의 대화, 독서 모임 같은 이벤트의 매력에 빠진 젊은이들도 많다. 지속적으로 감소하던 미국의 인디 서점 수는 2014년 1600여 개에서 2015년 2200개 이상으로 급증했다. 한국에서도 책값이 조금 비싸더라도 독특한 이벤트가 있는 서점을 선호한다는 독자들이 늘고 있다. 카페와 서점을 결합하고, 저자 강연회와 문화 강좌 등 다양한 이벤트로 차별화한 북티크(Booktique) 같은 서점도 인기다.

독서량이 많기로 유명한 일본에서는 예술이나 사진 관련 서적을 매주 한 권씩 선정해 책과 작품들을 전시하고 저자나 제작자와의 만남을 주선하는 '한 권밖에 팔지 않는 책방(一冊の本しか売らない本屋さん)'도 등장했다. 디지털 상품으로 형태를 잃어가던 책과 서점이 현실 세계에서 만남과 교제의 매개체로 부활한 것이다. 경제 전문지 『포브스(Forbes)』는 아마존이 아날로그 감성을 중시하는 고객들과 사회적 관계를 구축하는 장을 마련했다고 평했다.

콘셉트 스토어, 고객을 관찰하는 실험실

IT 공룡 구글의 행보도 유사하다. 2015년 3월 런던에 개장한 구글숍은 안드로이드 폰, 크롬북, 크롬캐스트 전시관은 물론 디지털 스프레이로 자신만의 구글 로고를 디자인하거나 대형 스크린에 구글 지도를 띄워 세계 어디든 가상 여행을 할 수 있는 체험 공간으로 꾸며졌다. 최첨단 기기의 작동 원리, 온라인 보안 등을 주제로 한 다양한 강좌와 어린이 캠프도 연다.

매장의 역할이 상품이 이동하는 기능적 통로에서 브랜드 정체성을 표현하고 경험을 공유하는 사회적 공간으로 확대되자 전통 제조업체들도 공간 브랜딩에 공을 들이고 있다. 얼마 전 동서식품은 제주도 한적한 바닷가에 팝업 스토어 '모카다방'을 열었다. 브랜드가 추구하는 여유로움과 부드러움을 자신의 공간에서 직접 전달한다는 취지다. 서교동에 위치한 문구 브랜드 모나미의 콘셉트 스토어는 펜과 종이에 얽힌 역사와 스토리를 감성적으로 표현하는 곳으로 입소문을 타고 있다.

콘셉트 스토어는 중간 유통업체의 가림막 없이 고객의 반응을 직접 관찰할 수 있는 실험실이 되기도 한다. 2014년 네슬레가 일본 도쿄에 선보인 킷캣 콘셉트 스토어 '더 초콜라토리(The Chocolatory)'는 소중한 사람을 위한 특별한 선물로 프리미엄 초콜릿을 제안하고 '사쿠라 그린티 초콜릿'처럼 일본 초콜라티에와 함께 만든 한정판 상품을 판매한다. 때때로 '구운 킷캣을 토핑으로 올린 소프트 아이스크림' 같은 실험적인 메뉴도 선보인다.

건축물의 외관, 인테리어 디자인과 구성물을 통해 브랜드 이미지를 전파하는 '공간 브랜딩(Space Branding)'은 예술과 문화 공간으로도 그 쓰임이 확장되었다. 최근 개관한 루이비통 뮤지엄, 프라다 미술관은 브랜드 전통과 예술성을 알리는 홍보관인 동시에 신진 예술가들의 실험실이자 기업이 소장한 컬렉션을 대중들과 공유하는 공익적 공간, 지역의 랜드마크로 자리 잡았다. 라이프스타일 브랜드를 지향하는 현대카드의 경우 디자인, 트래블, 뮤직 라이브러리를 통해 예술과 문화에 대한 기업의 철학과 감성을 표출한다.

공간에 스토리를 더해라

공간은 기업의 비전과 경쟁력, 전략적 변화를 직관적으로 표현하는 핵심 매체가 되기도 한다. 입구에 들어서는 순간 경험하는 감각적 자극들은 복잡한 메시지를 전달하기에 백 마디 말보다 더 효과적이다.

2011년 로고 변경과 함께 커피 이외 사업으로의 다각화를 선포한 스타벅스는 매장 전략에서도 다양화와 현지화를 추진하기 시작했다. 공장에서 찍어내듯 전 세계 매장의 분위기를 통일시키는 전략은 브랜드 이미지를 구축하는 데 도움이 되었지만 '커피 업계의 맥도날드'가 되어가는 한계를 드러냈기 때문이다. 이제는 지역

2012년 암스테르담 렘브란트 광장에 오픈한 스타벅스의 콘셉트 스토어, '더 뱅크'.

의 스토리와 특성을 활용하면서도 스타벅스의 문화를 느낄 수 있는 공간을 만드는 것을 목표로 삼고 있다.

변화의 신호탄은 2012년 암스테르담 렘브란트 광장에 오픈한 첫 콘셉트 스토어였다. 17세기 커피 무역상들이 이용하던 은행의 금고 건물을 리모델링해 '더 뱅크(The Bank)'라는 이름을 붙였다. 낡은 콘크리트가 그대로 드러난 벽면과 대리석 타일, 전통 의상을 입은 사람과 풍차를 새긴 장식은 공간이 지닌 스토리를 보여준다. 천정의 나무 장식은 네덜란드 오크를 1876개 조각으로 잘라 만든 것이라고 한다. 스타벅스는 이후 덴버에서 조립식 컨테이너를 재활용한 매장을 소개했고, 뉴올리언즈 매장에는 재즈 악기로 장식한 샹들리에를 매달아 도시의 개성을 강조했다.

최근에는 동네의 작은 카페를 선호하는 소비자들이 많아지자 고객과의 거리를 좁히기 위해 커피 장인(coffee artisan)의 이미지를 강조하는 콘셉트 스토어를 선보였다. 2015년 9월 오픈한 런던 코벤트 가든 매장이 대표적이다. 매장에 들어서면 입구에서 기다리는 직원이 따뜻한 인사말을 건네며 그 자리에서 주문을 받는다. 메뉴에는 일반 커피는 물론 스파클링 민트 에스프레소 같은 프리미엄 커피, 와인과 수제 맥주, 간단한 식사가 포함되어 있다. 안내받은 자리에 앉으면 오픈 키친에서 바리스타들이 화학 실험을 하듯 진지하게 커피를 만드는 모습이 보인다. 다양한 메뉴와 볼거리로 가득 찬 스타벅스의 콘셉트 스토어는 '커피 극장(coffee theatre)'이라 불리곤 한다.

집으로의 초대, 공간 브랜딩

인터넷 쇼핑과 SNS 소통이 대세라 해도 고객과 직접 만나는 공간의 중요성은 사라지지 않는다. 오히려 가상 세계에서 전달할 수 없는 브랜드의 매력과 기업의 메시지를 풍부하게 보여주는 물리적 공간의 역할은 더욱 커지고 있다.

디지털 시대에는 큰 공간에 많은 상품을 진열하는 양적 전략은 의미가 없다. 고급스럽고 화려한 공간도 경이로움을 줄지언정 깊은 공감을 이끌어내기엔 부족하다. 공간 구석구석에 기업 정체성과 경영 철학이 묻어나야 한다. 스티브 잡스는 애플 스토어를 론칭할 때 화장실 표지판에 입힐 회색 색조를 결정하기 위해 30분간 토론을 벌였다. 그렇게 애플 스토어는 완벽과 디테일에 집착하는 브랜드 성격을 대변하는 곳이 되었다.

누군가의 공간에서 크고 작은 물건들, 색상과 소리, 향기를 접하면 그동안 몰랐던 그의 내면을 알게 되듯이, 고객과 만나는 공간은 기업의 취향과 가치를 육감적으로 느끼고 확인할 수 있는 곳이다. 좋아하는 사람을 집으로 초대할 때의 두근거림과 설렘으로 고객과의 만남을 준비해야 한다.

03
결혼하듯 마케팅하라

노스웨스턴 대학의 사회심리학자 엘리 핀켈(Eli J. Finkel) 교수는 결혼의 변천사를 다룬 흥미로운 연구 결과를 내놨다. 연구는 미국에서 진행되었지만, 도시화, 서구화된 한국 사회에 적용하기에도 무리가 없다. 엘리 핀켈 교수는 결혼의 진화를 '매슬로우산(Mt. Maslow) 등반'에 비유한다. 에이브러햄 매슬로우는 인간의 욕구를 계층화한 동기 이론을 창시한 심리학자다. 인간은 생리적 욕구나 안전 같은 하위 욕구가 충족되면 소속감과 지배력, 나아가 자아실현과 같은 상위 욕구를 추구한다는 내용이다.

결혼과 마케팅의 변천사

농경 사회 시대에는 제도적 결혼(institutional marriage)이 대부분이었다. 사람들은 더 많은 식량을 생산하고 외부로부터의 위험을 차단하는 안식처를 마련하기 위해 가정을 꾸렸다. 부모가 정해 준 짝과 만나 자녀를 양육하고 노인을 봉양하며 살았다. 결혼은 생존과 직결된 신체적, 심리적 안전을 확보하기 위한 제도적 장치였다.

20세기 들어 산업화가 진전되자 더 적은 시간을 일하고도 더 많은 소득을 거둘 수 있게 되었다. 생계 걱정에서 벗어나니 사랑과 낭만을 찾는 여유가 생겼다. 부모의 개입이 축소되고 개인의 자유가 중시되어 여러 이성을 만나 실험적인 기간을 거친 후 결혼을 결정하는 우애결혼(companionate marriage)이 성행했다. 인생의 동반자를 만나야 하니 사랑은 물론 지적 호기심이나 관심을 나눌 수 있는 파트너를 찾는 과정이 중요해졌다. 그렇게 결혼의 동기는 매슬로우 산 중턱의 사랑과 존중 욕구로 이동했다.

오늘날 남녀는 자기 표현적 결혼(self-expressive marriage)을 지향한다. 세상에 대한 견해와 가치관이 일치하는 상대를 엄선하고 자아실현과 자기성장이라는 최상위 욕구를 달성하기 위해 결혼하는 것이다. 1997년 영화 〈이보다 더 좋을 순 없다(As Good as It Gets)〉에서 잭 니콜슨의 프러포즈였던 "당신은 내가 더 나은 남자가 되고 싶도록 해줘요(You make me want to be a better man)"라는 말이 바로 자기 발전을 향한 결혼 생활을 암시한다.

기업 마케팅의 진화 과정은 결혼의 역사와 꼭 닮은 모습이다. 상품 구색이 한정되고 차이가 대동소이하던 시대에는 기본 품질만 보장되면 큰 불만이 없었다. 20세기 초 헨리 포드가 컨베이어 시스템으로 대량 생산에 성공했던 모델 T는 단일 모델에 검은색뿐이었지만 저렴한 가격으로 자동차의 보급화를 실현시켰다. 한국에서도 1970년대 이전까지는 배부르고 등 따스울 정도의 기본 욕구를 충족시켜주는 상품이면 대부분의 소비자들이 만족했다.

소득 수준이 향상되고 상품 다양화가 진행되면서 유행보다 자신의 취향에 따라 구매를 결정하는 소비자가 증가했다. 상품의 디자인과 이미지가 중요해졌고, 기업과 소비자의 관계는 친근감과 교감을 나누는 낭만적 관계로 발전했다. 고객 관계를 유지하기 위한 로열티 마케팅이 활성화되었고 상표명 정도로 인식되던 브랜드가 기업의 비전과 철학을 전달하는 대변인으로 승격되기도 했다. 2005년 영국의 광고 전문가 케빈 로버츠(Kevin Roberts)가 저술한 『러브마크(Lovemark)』는 소비자에게 사랑과 존경을 받기 위한 브랜드 전략을 소개해 화제를 모았다. 기능과 제품 위주의 마케팅 목표가 고객과의 정서적 관계 구축으로 상향 이동한 것이다.

이제 사람들은 소비를 통해 자신을 표현하고 정의한다. 상품의 기술적, 감성적 가치는 물론 기업의 철학이나 경영 원칙까지 고려해 나를 더 나은 사람으로 만들어주는 브랜드를 선택한다. 값비싼 명품 브랜드로 과시하던 시대를 지나 공정무역 커피를 마시고 에코백을 들고 다니며 사회적 가치를 실현한다는 데 의미를 두는 소비자도 많아졌다. 건강에 좋은 차 음료를 만들겠다는 신념을 지키는 '어니스트 티(Honest Tea)'는 식품 시장의 트렌드세터가 되었고, 신발 한 켤레를 팔면 한 켤레를 기부하는 'One for One' 모델로 전 세계 소비자들의 마음을 사로잡은 탐스(TOMS)는 2006년 이후 지금까지 4500만 켤레 이상을 기부한 것으로 알려진다.

소비자의 상위 욕구를 충족시켜라

엘리 핀켈 교수는 자신의 이론에 '질식 모델(Suffocation Model)'이라는 이름을 붙였다. 고도가 높아질수록 산소가 부족해지듯 도전적인 과제가 주어진 결혼은 숨 막히는 생활이 되기 쉽다. 상위 수준의 욕구를 달성하려면 결혼 생활에 더 많은 시간과 관심을 들여야 하지만 바쁘고 스트레스가 많은 현대인에게는 쉽지 않은 일이다. 결국 사회 전반적으로 결혼 만족도가 떨어지고 이혼율이 높아질 수밖에 없다.

그런데 그 내면을 살펴보면 조금 다른 모습이 보인다. 결혼에 대한 기대가 충족되지 않아 불만이 커지거나 이혼하는 경우가 많아진 반면, 자아실현 욕구가 충족된 커플은 과거 어느 시대의 부부보다 더 큰 만족감을 느끼는 것으로 나타났다. 결혼 생활도 모아니면 도(All-or-Nothing)가 되는 양극화가 진행 중인 것이다.

기업 현장도 마찬가지다. 소비자의 욕구가 고도화되고 경쟁이 치열해지면서 만족스러운 고객 관계를 유지하기가 어려워졌지만, 부동의 고객층을 확보한 소수 기업은 경쟁사와는 비교할 수 없을 정도로 큰 혜택을 누린다. 마니아 고객은 브랜드 로고를 문신으로 새기는가 하면 누군가 그 상품이나 기업을 험담하면 옹호자로 나서 방어하고 위기에 처한 브랜드를 구하러 자원을 쏟아붓기도 한다. 할리데이비슨이 일본 저가 모터사이클 업체의 공격으로 위기에 빠졌을 때 모금 운동까지 벌이며 옆을 지켰던 사람들도 바로 충성 고객 군단이었다.

진정한 자아실현은 의미 있는 커뮤니티 참여, 가족이나 친구와 시간 보내기 등 물질적 소비 이외의 활동으로 성취된다. 할리데이비슨이 든든한 마니아 고객층을 확보한 데에도 라이프스타일을 공유하는 브랜드 동호회 HOG(Harley Owners Group)의 역할이 크다. HOG는 모터사이클 트레이닝 클래스를 운영하고 라이딩 코스를 알려줄 뿐 아니라 싱글 라이더를 위한 데이팅 서비스도 제공한다.

할리데이비슨 동호회(HOG) 사람들이 랠리에 참여한 모습이다.

'더 나은 나'를 실현시켜주는 브랜드를 선호

자신의 시간과 노력을 투자하도록 유도하는 것도 중요하다. 예를 들어 소비자는 기업이 제공하는 완제품보다 직접 만든 상품의 가치를 더 높이 평가해 주변에 자랑하고 싶어 하는 경향이 있다. 완성된 곰 인형을 사는 것보다 직접 만들거나 인형에 이니셜을 새기도록 했을 때 제품에 더 큰 애착을 보이곤 한다. 전문가가 만든 제품보다 조악하고 완성도는 떨어지지만 자신이 수고를 들였다는 데 의미를 두기 때문이다. 하버드 대학의 마이클 노턴(Michael Norton) 교수는 이를 '이케아 효과(IKEA effect)'로 정의했다.

바쁘고 지친 소비자가 스스로 움직이도록 동기를 부여하려면 새로운 경험으로 가치를 실현하고 생활의 완성도를 높일 수 있다는 확신을 주어야 한다. 미국의 주택 자재 유통업체 로우스(Lowe's)는 1980년대부터 여성을 타깃으로 설정하며 여성 친화적 마케팅을 펼쳐왔다. 제품 위주의 홍보는 줄이고 집을 직접 개조하고 꾸미는 즐거움을 메시지로 전달하는 광고를 제작했다. 광고에서도 '주택(house)' 대신 '가정(home)', '공사(construction)' 대신 '창조(creativity)'라는 용어를 사용했다.

2004년부터는 빈곤층을 위해 주택을 지어주는 해비타트(Habitat)를 후원하며 여성들이 자발적으로 참여하는 'National Women Build Week'를 진행 중이다. 매년 5월 미국 전역에서 모집된 여성 봉사자들은 'Lowe's how-to clinic'에서 교육을 받은 후 파트너 가족을 위한 집 짓기에 동참한다. 2014년에는 1만 3000명, 2015년에는 1만 5000명 이상의 여성 고객이 참여했다. 여성들에게 주택을 수리하고 개조하는 데 필요한 기본 정보를 제공할 뿐 아니라 새로운 일에 도전하고 가치 있는 활동에 참여하는 성취감을 주는 프로그램으로 호평받고 있다.

매슬로우 산 정상을 향해

기술, 스펙, 디자인 중심의 제품 경쟁에 치중하다 보면 초기 점유율 경쟁은 무난하게 통과할지 몰라도 평준화가 이루어진 이후 펼쳐지는 치열한 가격 경쟁은 피하기 어렵다. 기능성 위주의 전략으로 매슬로우 산자락에 머물면 당장은 산소가 충분한 듯해도 결국 끝없이 등장하는 경쟁자와 숨 막히는 전쟁을 치러야 한다. 화웨이(Huawei) 같은 중국산 초저가 스마트폰이 한국 기업에게 위협이 되는 것은 한국 기업들이 여전히 고객의 상위 욕구를 충족시켜주지 못하고 있다는 증거다.

할리데이비슨이 거친 반항과 자유를, 애플이 다름을 추구하는 혁신성을 상징하듯, 고객과 브랜드 정신과 철학을 공유할 때 진정한 동맹 관계가 이루어진다. 고객은 기업의 브랜드 정신이 자신의 가치와 연결될 때 저가 상품의 공격을 막아주고, 경영자 실수를 눈감아주고, 위기에 처한 기업을 구명하는 노력을 마다하지 않는다. 매슬로우 산 정상을 향해 오르는 과정은 힘겹고 숨차지만 어느 순간 숨통이 트이고 아래를 내려다볼 수 있는 여유가 주어질 것이다.

'요람에서 무덤까지' 평생을 함께하라

1999년 어느 날, 프랑크푸르트 박람회장에서 이색적인 실험이 벌어졌다. 참가자들을 갓난 아이였을 때 모유를 먹었는지 분유를 먹었는지로 나누고, 각 집단은 A와 B 두 종류의 케첩을 맛본 후 어떤 것이 더 입맛에 맞는지를 표시했다. 사전 조사에서 두 케첩의 맛 차이를 인지한 사람은 거의 없었으니, 참가자들은 미묘한 끌림에 따라 결정했을 것이다. 결과는 분명했다. 모유를 먹었던 사람들의 70.9%는 A를, 분유를 먹었던 사람들의 66.7%는 B를 선택했다.

두 제품에는 어떤 차이가 있었을까? A는 일반 케첩, B는 1kg당 0.5g가량의 바닐라 파우더가 첨가된 케첩이었다. 분유업체들은 아이들이 잘 먹도록 달콤한 맛을 가미하곤 하는데, 독일 분유의 대부분에는 바닐라 향을 사용한다. 실험 전 설문 조사에서 분유를 먹었던 대다수 사람들도 인공적인 맛을 싫어한다고 했지만 맛 테스트에서는 바닐라 향 케첩이 더 맛있다고 답했다. 생애 처음 경험한 맛의 기억이 감각적 반응을 일으켜 이성적 판단을 무색하게 한 셈이다.

'죽마고우 브랜드', 소비자와 평생 간다

어린 시절 접한 맛과 향, 소리의 느낌은 평생의 소비 생활에 영향을 미친다. 고급스럽고 이색적인 디저트가 쏟아져 나오는 시대에 누런 종이봉투에 담아 파는 뚜레쥬르의 '엄마랑 장볼 때 먹던 그때 그 도나쓰'가 기대 이상의 인기를 끈 것도 어릴 적 길거리에서 맛본 도넛이 추억의 힘을 발휘한 덕이다. 또한 해태제과는 부라보콘 출시 45주년을 맞아 예전의 포장 디자인을 적용한 한정판을 출시해 화제를 모았다. 많은 소비자들이 블로그나 SNS를 통해 '내 사랑 부라보콘', '45살 부라보콘 언니'라며 애정을 표했고, 120만 개 한정판이 짧은 기간에 매진되는 성과를 거뒀다.

유년기를 함께 보낸 제품이나 브랜드는 향수를 부르는 친숙함을 넘어서서 강한 신념과 고정관념을 형성하기도 한다. 광고를 보더라도 아이들은 이성적으로 판단하기보다 감정적으로 받아들이기 때문에 자주 등장하는 캐릭터에게 무조건적인 호감을 느끼기 쉽다. 이때 형성된 유대감은 성인이 될 때까지 유지된다.

켈로그는 1952년 어린이용 시리얼을 출시하면서 호랑이 캐릭터 토니(Tony the Tiger)를, 1986년에는 코코아 맛 시리얼을 선보이며 원숭이 코코(Coco the Monkey)를 탄생시켜 TV 광고에 적극적으로 내보내기 시작했다. 두 캐릭터를 보며 자란 아이들이 성인이 된 지금 어떤 소비 행태를 보이는지를 살펴보기 위해 뉴욕 주립대학의 코넬(Connell) 교수는 50대(1958~1962년생), 20대(1989~1994년생)를 대상으로 연구를 진행했다.

토니와 코코가 등장하는 가상의 시리얼 광고를 제시한 후 제품을 평가하도록 했더니 20대 소비자들은 두 제품의 차이를 크게 인식하지 않은 반면 50대 소비자들은 토니의 시리얼이 코코 시리얼에 비해 훨씬 영양가가 높고 건강에 좋은 제품이라고 답했다.

두 캐릭터를 동시에 보며 자란 20대와 달리 50대는 성인이 되어 알게 된 코코보다 어린 시절 친구였던 토니에게 더 따뜻한 감정을 느끼고, 따라서 토니가 광고하는 제품이 훨씬 우수하다고 평가한 것이다. 두 제품 모두 꽤 많은 당분이 가미되어 건강에 유익하다고 볼 수 없지만, 캐릭터에 대한 애정과 편견이 올바른 평가를 방해한 것으로 해석된다. 어린 소비자에게 브랜드를 각인시키기 위해 투자하는 것은 아깝지 않은 일이라는 것을 확인시켜주는 결과다.

레고의 열성팬이 레고 디자이너로

추억 속 제품에 머물지 않고 고객의 생애 주기를 따라 친밀한 관계를 유지해가면 기업과 고객의 경계를 초월한 결속 관계로 발전한다. 덴마크 기업 레고는 신생아부터 성인까지 각 연령대의 특성과 욕구에 맞춘 상품 포트폴리오를 갖추고 있다. 일반 블록보다 크고 가장자리를 둥글게 만든 3~4세용 듀플로(Duplo)부터 슈퍼 히어로와 공주가 등장하는 4~7세용 레고 주니어(Juniors), 취학 아동들의 상상력을 자극하는 레고 크리에이터(Creator)가 이어진다. 실제로 움직이는 기기를 만드는 레고 테크닉(Technic), 에펠탑, 타지마할 등 세계적인 건축물을 그대로 축소한 레고 아키텍처(Architecture)는 정교한 설계로 난이도가 높지만 그만큼 성인 마니아들이 열광하는 제품들이다.

레고와 함께 성장한 고객들의 가치는 브랜드 커뮤니티 쿠수(CUUSOO)에서 빛을 발한다. 고객이 직접 설계한 시제품을 등록하면 회원들이 평가하는 시스템으로, 1만 건 이상의 추천을 받으면 본사 상품 개발팀의 검토를 거쳐 정식으로 상품화된다. 매출의 1%는 아이디어를 제시한 고객에게 돌아간다. 쿠수 상품은

2010년 이후 매년 한두 개씩 출시되고 있다. 고객의 열징을 브랜드 자산으로 전환시킨 성공 사례다.

이 회사는 직원 채용 방식도 독특하다. 2006년부터는 유럽 명문 대학 출신의 디자이너를 우선시하던 기존 방식도 버렸다. 대신 어린 시절부터 레고를 가지고 놀며 성장해왔는지, 레고가 처한 상황을 이해하고 깊이 고민하는지, 즉 레고를 진심으로 아끼고 사랑하는지를 살펴보고 디자이너를 뽑는다. 기준을 변경하자 자연스럽게 레고 팬클럽 출신의 디자이너들이 선발됐고, 이들의 활약으로 지금의 상품 라인이 완성되었다고 한다.

멀티 제너레이션을 공략하라

고객의 범위를 시니어 시장으로 확장해 말 그대로 '요람에서 무덤까지' 마케팅을 실현시킨 사례도 등장하고 있다. 소비 시장의 중심축이 노년층으로 이동 중인 일본에서는 최근 유아동용품 전문 기업의 시니어 시장 진출이 활발하다. 한국에서도 귀여운 아기 캐릭터로 유명한 이유식업체 큐피(Kewpie)는 창립 54년 만인 2014년에 시니어를 위한 반조리 식품 라인을 선보였다. 치아가 좋지 않은 시니어들을 위해 부드럽게 삼킬 수 있게, 그렇지만 어른의 입맛에 맞춰 음식 본연의 맛을 그대로 느낄 수 있도록 만든 음식들이다. 기저귀 브랜드 유니참의 경우 2012년 성인용 기저귀 판매가 아동용 기저귀 판매를 앞지르는 기록을 세우기도 했다.

아동이나 젊은 층을 핵심 타깃으로 삼던 도쿄 디즈니랜드도 시니어를 유인하기 위해 '추억의 명소'를 주제로 한 애니메이션 광고를 제작했다. 엄마 손을 잡고 처음 방문했을 때의 흥분감, 친구들과 놀러갔다 첫사랑을 만났을 때의 설렘, 결혼 후 자녀와 함께 다시 찾았던 때를 회상하는 반백의 할머니가 주인공이다. 물론 시니어들이 편하게 즐길 수 있는 시설과 공간도 확충했다.

반대로 성인 시장에 집중했던 기업들이 어린 소비층으로 접근하기도 한다. 당장의 수익 창출보다 미래의 충성 고객을 선점하기 위해서이다. 비자카드는 10대 전용 선불카드 벅스(VISA BUXX)를 발급하고 있다. 부모가 미리 적립해놓은 금액을 자녀들이 현금 카드식으로 사용할 수 있도록 한 방식이다. 자녀가 언제 어디서나 사용할 수 있지만 부모가 사용 내역을 추적할 수 있도록 해 자녀에게는 쇼핑의 자유를, 부모에게는 마음의 평안을 준다는 전략이다. 청소년기부터 예산에 맞춰 현명하게 소비하는 습관을 들여 책임감 있는 성인 고객으로 성장시킨다는 취지도 담겨 있다.

『타임』, 『스포츠 일러스트레이티드』 같은 유력 매체도 '키즈' 판을 별도로 제작한다. 특히 『타임포키즈(*TIME for Kids*)』는 세계

어린이 독자를 사로잡기 위한 『타임포키즈』 표지들이다.

각지의 뉴스와 학년별 학습 노하우는 물론 비판적 사고와 설득력 있는 논쟁을 위한 교육 프로그램을 제공한다. 10대가 선호하는 운동선수, 바른 식생활 등에 관한 기사를 다루는 『스포츠 일러스트레이티드 키즈(Sports Illustrated Kids)』는 구독자가 700만 명을 넘어설 정도다. 신문이나 잡지는 부모의 취향이 대물림되기 쉬운 상품인 데다, 한번 익숙해진 매체를 쉽게 바꾸지 않는다는 점을 고려하면 이들이 평생 고객이 될 가능성이 크다.

고객의 '일생'을 점유하라

죽마고우를 대할 때는 이해득실을 따지지 않게 되고 모질게 대하지도 못하는 것이 인지상정이다. 고객과 진한 우정을 나누길 원하는 기업이라면 단순히 아이들에게 제품을 판매하는 수준을 넘어 일생에 걸쳐 *끈끈한* 관계를 유지해나가야 한다. 익숙한 국산 제품을 선호하는 많은 소비자들이 브랜드의 잘못이나 실수에 민감하게 반응하고 쉽게 등을 돌리는 것은 한국 기업이 고객 한 명 한 명과 깊은 관계를 맺는 데 실패한 탓이 크다. 장난감 업계의 경우 당장의 인기몰이에 치중하다 보니 어른이 보기에도 멋지다고 여길 만한 상품을 찾기가 어렵다. 그러니 키덜트족이 열광하는 상품이 죄다 해외 브랜드나 해외 캐릭터 제품인 것도 당연한 일이다.

고객의 일상(daily life)에서 일생(lifetime)으로 눈을 돌리면 기업의 명분이 달라지고 새로운 기회를 발견할 수 있다. 레고는 장난감에서 몰입의 즐거움과 성취감을 주는 취미 도구로, 디즈니랜드는 테마파크에서 사랑하는 사람과 추억을 만드는 공간으로 진화하면서 소비자 인생의 동반자로 거듭날 수 있었다. 고령 사회로 다가가고 있는 한국 기업이 미뤄서는 안 될 일이기도 하다.

피앤지의 커피 브랜드 폴저스(Folger's)는 1980년대부터 아빠가 끓이는 향긋한 커피 향에 아침잠을 깨는 가족 이야기로 시리즈 광고를 내보내고 있다. 30여 년 후의 광고에는 서아프리카에서 귀환한 군인 아들이 주방에서 폴저스 커피를 내리며 부모님의 아침을 깨우고 재회하는 장면을 담았다. 어린 시절 처음 경험하는 커피 향기, 가족의 사랑이 폴저스 커피와 연결되어 브랜드에 대한 애착이 자연스럽게 형성되도록 한다.

프로이드, 융과 같은 심리학자들은 어린 시절의 관계 형성과 각인의 중요성을 강조한다. 인류학자이자 마케팅 전문가인 클로테르 라파이유(Clotaire Rapaille)는 아동기에 형성되는 애착 관계는 부모, 가족에서 나아가 제품, 브랜드로 확장된다고 주장한다. 주변 어른들이 특정 제품이나 브랜드를 어떻게 대하는지를 보고 듣고 느끼는 최초 기억(Earliest Memories)이 평생의 신념과 행동에 영향을 미친다는 것이다.

한 시대와 사회를 대표하는 아이콘 브랜드는 하루아침에 만들어지지 않는다. 소비자의 기억 속에 각인된 강렬한 첫 만남부터 성장하면서 겪는 다양한 경험이 축적된 결과물이다. 코카콜라가 미국 사회와 문화를 상징하는 브랜드로 자리 잡게 된 것도 소비자의 애정이 세대를 넘어 학습되고 대물림되었기 때문이다.

코넬 대학 캐서린 라투어(Kathryn A. LaTour) 교수는 1970년대 태어난 X세대를 대상으로 코카콜라에 관한 최초 기억부터 성장기 기억에 관한 심층 연구를 진행했다. 아이들이 코카콜라를 처음 만나는 장면은 대부분 부모나 조부모가 코카콜라 병을 손에 들고 있는 모습이었다. 자연스럽게 '코카콜라는 어른들이 마시는 음료'라는 환상을 가지게 되어 처음 맛 본 순간을 강렬하고 감각적으로 기억하는 경우가 많았다.

"어느 날 엄마, 할머니와 식탁에 둘러앉아 크래커를 먹고 있었는데 엄마가 코카콜라를 내 컵에 조금 부어줘서 마셨어요. 목이 불타는 것 같아 기침을 해서 다 같이 웃었던 기억이 나요." "6살 때 처음 아빠와 함께 코카콜라를 마셨을 때 왠지 어른이 된 느낌이었어요. 상쾌하고 시원한 맛이었죠." 콜라 고유의 맛과 부모님에 대한 사랑과 그리움이 혼재된 코카콜라에 대한 최초 기억들이다.

학교생활을 시작하면 사회적 관계 속에서 브랜드를 경험하게 된다. "유치원 바로 옆에 코카콜라 보틀링 공장이 있어서 가끔 학용품과 콜라를 선물로 받았어요"라며 은근히 자랑하거나 "친구 생일 파티에 초대되었는데 친구 엄마가 알록달록한 예쁜 컵에 콜라를 부어주셨어요. 뭔가 대접받는 기분이 들었어요"라고 회상하는 사람도 있었다. 이렇게 코카콜라와 함께한 행복하고 즐거웠던 추억들이 차곡차곡 쌓이면서 브랜드와의 관계가 성숙되어긴다.

1985년 새로운 맛의 뉴코크가 출시되었을 때, 코카콜라 팬들은 기존 제품을 다시 내놓으라고 거칠게 항의했다. 당시 청소년기를 보내고 있었던 X세대들은 이렇게 기억한다. "할아버지가 차고에 예전 코카콜라를 박스째로 쌓아두시는 걸 봤어요." "우리 동네 라디오 뉴스에서는 옛날 콜라가 아직 남아 있는 가게를 알려주기도 했죠." 비록 뉴코크는 실패했지만 코카콜라는 미국의 가치와 문화를 상징하는 브랜드라는 낙인을 소비자들의 마음속에 뚜렷하게 새길 수 있었다.

최초 기억과 성장기 경험의 중요성은 식품, 생활용품, 자동차 등 여러 제품군에서 입증되고 있다. 세대를 이어 사랑받는 평생의 동반자가 되기 원한다면 언론, 소비자 단체를 상대로 호소하고 브랜드 이미지를 관리하는 것도 중요하지만 긴 안목으로 어린 소비자들과의 관계를 재정립하는 것이 급선무다.

05

고객은 갑? 을?

································

재즈의 도시 뉴올리언스는 소위 '밤 문화(nightlife)'가 발달한 곳
으로 유명하다. 거리 곳곳의 재즈 공연은 물론 불꽃 축제, 도박, 쇼
등 즐길 거리가 다양하다. 뉴올리언스의 화려한 밤을 즐기다 보면
술 한 잔이 어느새 두 잔, 석 잔이 돼 자기 주량을 넘기 십상이다.

이 도시의 리츠칼튼 호텔에는 '리커버리 컨시어지(Recovery
Concierge)'가 있다. 지난밤 과음으로 고생하는 투숙객에게 제공
하는 맞춤형 숙취 해소 서비스다. 숙취 전문가가 고객의 몸 상태
와 취향에 따라 생강차, 롤 샌드위치, 진통제, 카페인 음료 등으
로 아침 식사를 준비한다. 원기 회복에 탁월한 스팀 워터 목욕법
도 상세히 설명해주고, 투숙객이 원하면 해장술로 블러디 메리
(Bloody Mary) 칵테일을 만들어주기도 한다. 출장으로 투숙한 고
객에게는 "상사에게는 비밀로 하겠다"는 센스 있는 약속도 한다.

호텔 업계의 특별 서비스는 무궁무진하다. 발리의 반얀트리 호텔은 신혼부부 투숙객이 완벽한 허니문을 보낼 수 있도록 도와주는 로맨스 컨시어지(Romance Concierge)를 고용했고, 런던의 루벤스 호텔은 고객과 동행한 반려동물에게 특수 제작한 가구와 맞춤식 식단을 대령하는 펫 컨시어지(Pet Concierge)를 두고 있다. 리츠칼튼 호텔은 투숙객이 침대의 어느 방향을 사용하는지, 접시에 남긴 과일의 종류가 무엇인지 등을 파악해 다음 서비스에 이용하는데, 이 시스템은 고객에게 신비로움을 체험하도록 한다는 의미에서 '커스터머 미스티크(Customer Mystique)'라고 불린다.

대접 좋을수록 고객은 응석받이 돼

고객 입에서 '와우(Wow)' 소리가 절로 나오게 하려는 서비스 경쟁이 치열하다. 물건만 잘 만들면 되던 제조업체들도 제품 이상의 가치를 제공하기 위해 고심한다. 전자업계에서는 구매 전후의 고객 접점 서비스가 차별화 포인트로 부상했다. 국내 자동차업체들은 수입차의 공략에 맞서기 위해 프리미엄 고객 응대 서비스를 개발하거나 특급 호텔로부터 노하우를 전수받기도 한다. 정성을 들여 고객을 섬기는 호텔식 '버틀러(Butler·집사)' 정신이 전 산업으로 이식되고 있다.

서비스 진화는 계속돼야 하지만, 역설적인 현상이 나타나기도 한다. 훌륭한 서비스를 지속적으로 경험한 소비자의 기대치가 높아져 기업이 고객의 요구를 충족시키기가 점점 더 어려워지는 것이다. 마치 맛있는 음식을 계속 먹다 보면 어느 순간 더는 맛있다고 느끼지 못한다거나, 특별 대우를 자주 받을수록 고마움을 망각하는 것과 같다. 예를 들면 아메리칸 에어라인이 항공사 마일리지 서비스를 처음 선보였을 때는 모든 고객이 기뻐하고 고마워했지만, 이제는 마일리지 사용과 관련된 작은 불편만 겪어도 강력하게 항의한다. 지금 소비 시장은 행복감을 느낄수록 그 기준이 점점 높아져 오히려 행복감을 느끼지 못하는, 이른바 '쾌락의 쳇바퀴(hedonic treadmill)', '만족의 쳇바퀴(satisfaction treadmill)'에 빠져들고 있다.

기업들의 극진한 대접에 익숙해져 응석받이가 된 일부 고객은 서비스가 마음에 안 든다며 난동을 부리거나 직원을 폭행하는 등 상식 밖의 행동을 보인다. 펜실베이니아 대학 와튼스쿨의 리처드 셸(Richard Shell) 교수는 "고객당 수익과 비용을 판단해 지나치게 요구 사항이 많은 고객은 냉정하게 해고하라"고 권유한다. 특히 권한을 남용하는 일부 '큰손 고객'에게 지나치게 의존하는 것은 결코 바람직하지 않다. 특화된 상품 개발과 마케팅, 직원 교육에 드는 경세직 비용, 공격직 고객으로 인해 직원이 겪는 모욕감이나 불면증 등 심리적, 신체적 손상, 과도한 고객 응대 시간, 기회비용 등을 포괄해 가치를 재평가하면 전혀 다른 결과가 나올 수 있기 때문이다. 실제로 미국의 한 은행은 VIP 고객으로 규정했던 100만 달러 이상 예치 고객의 가치를 재분석한 결과 다른 고객을 소개하는 등 잠재적 수익 창출 가치를 감안하더라도 상당수가 미미한 정도의 수익을 창출하거나 오히려 초과 비용을 발생시킨다는 점을 발견했다. 고객 마음을 얻기 위한 쳇바퀴 경쟁에서 벗어나지 않으면 서비스에 중독된 고객을 양산하고 기업 손실은 커질 수밖에 없다. 밑 빠진 독에 물 붓기가 되는 것이다.

고객이 을이 되는 경우

고객의 지나친 '갑질' 행태에 대한 뉴스가 많아진 요즘이지만, 한편에서는 고객이 여전히 '을'이다. 정보와 권한이 공급자에게 집중되어 소비자 주권이란 개념이 제대로 작용하지 않는 곳에서는 특히 그렇다. 그 대표적인 분야가 의료계와 교육계이다. 물론 이들 산업에서도 서비스 수준은 계속 향상돼왔다. 그러나 그 내용을 보면 시스템을 자동화하는 식으로 스피드를 올리고 낭비를 줄이는 효율성 개선이 대부분이다.

의료 서비스 현장에서 고객에게 가장 '결정적인 순간(moment of truth)'은 주차장도 접수처도 아닌 바로 의료진과 대면하고 이야기를 나누는 단 몇 분의 진료 시간이다. 그런데 전국 각지의 고객들이 모여드는 대형 병원일수록 소위 '3분 진료'를 위해 컨베이어 벨트 시스템을 작동시킨다. 그러다 보면 서비스의 기능성은 높아지지만 환자의 마음을 이해하고 공감하는 감성적 가치 전달은 미흡해질 수밖에 없다. 가뜩이나 환자나 보호자가 의사에게 질문하기가 눈치 보이는데 간혹 의료진이 피곤한 기색이라도 드러내면 병원과 고객의 갑을 관계는 더욱 분명해진다.

교육 현장도 다를 바 없다. 전문 지식과 경험을 전수해주는 선생님은 분명 존경의 대상이지만, 학생이 미래를 설계하고 도전할 수 있도록 격려하는 감성적 역할도 다해야 한다. 학교가 서비스 현장으로 인식된다면 폭언과 추행 사건은 상상도 못할 일이다.

을이 된 고객은 분노와 슬픔을 표출하기보다 참고 속으로 삭이기 쉽다. 민원을 접수해봤자 상처를 준 당사자에게 제대로 전달되거나 대우가 나아질 가능성이 적다는 것을 알기 때문이다. 이렇게 드러나지 않는 고객의 불만과 마음의 상처를 발견하고 공감하는 모습을 보이면 고객들의 열광적인 지지를 받아 업계를 주도하는 리더로 자리매김할 수 있다.

1994년 개원한 삼성서울병원은 오랜 관행을 깨는 서비스 개혁으로 업계의 변화를 촉발했다. 그때만 해도 장례식장은 자욱한 담배 연기 속에서 밤새도록 음주와 노름을 벌이는 곳이었다. 경황없는 유족들을 대상으로 업체가 바가지를 씌우거나 촌지를 받는 경우도 허다했다. 이때 삼성서울병원은 확연하게 다른 장례식장을 선보였다. 미술 작품과 조형물로 아늑한 분위기를 연출하고 품질이 보증된 장례용품을 구매 전에 고객이 직접 확인하도록 해 신뢰도를 높였다. 한층 업그레이드된 서비스를 경험한 고객들은 그만큼 눈높이가 높아졌고, 다른 대형 병원의 장례식장도 서서히 변화해 지금의 장례 문화가 자리 잡게 되었다.

삼성서울병원은 이후 보다 핵심적인 고객 서비스 혁신을 시도했다. 의사가 진료하는 모습을 동영상으로 촬영해 소통 전문가가 문제점을 파악하고 개선점을 찾는 '커뮤니케이션 코칭' 프로그램을 예로 들 수 있다. 이를 통해 환자가 이해하기 쉽게 이야기하는 방법은 물론 나쁜 소식을 전하는 법, 환자 이야기를 경청하는 법, 표정이나 눈 맞춤, 대화하는 자세와 뉘앙스 같은 비언어적, 준언어적 표현까지 조언했다. 무작정 진료 시간을 늘리기보다 소통의 질을 높여 고객이 심리적 안정감을 느끼도록 하니 만족도가 높아짐은 물론 치료 효과도 좋아지게 되었다.

갑을 관계, 언제든 뒤바뀔 수 있다

고객이 갑으로 대접받는 곳에서는 기업이 직원들의 마음 관리에 각별히 주의를 기울여야 한다. 무엇보다도 서비스 전문가로 당당하게 업무에 임할 수 있도록 하는 것이 중요하다. 리츠칼튼 호텔은 '신사 · 숙녀가 신사 · 숙녀에게 서비스를 제공함(We are Ladies & Gentlemen Serving Ladies & Gentlemen)'을 경영 모토로 내세운다. 직원과 고객을 동급으로 규정한 것이다. 모든 직원이 고객당 2000달러까지 재량껏 쓸 수 있도록 한 것도 그런 이유에서다.

고객이 을이 되는 곳에서는 고객의 서러움을 당연시하지 말고 올바른 방향으로 변화하려는 노력을 기울여야 한다. 급변하는 시장 환경 속에서 언제 갑과 을의 위치가 뒤바뀔지도 모른다. 고객 서비스 경쟁에 불이 붙기 시작하면 순식간에 퍼지니 불길의 방향을 잡으며 앞서가는 것이 좋다. 슬픔과 분노가 마음속 상처로 오래 남듯이, 기대하지 않았던 친절을 보이는 상대는 의지할 수 있는 든든한 존재로 각인된다.

욕쟁이 할머니 식당에서 욕먹으며 식사한다고 서글퍼하는 사람이 있을까. 파워의 비대칭이 없는 상황에서 갑과 을의 구분은 무의미하다. 사실 기업과 고객은 권한이나 지위를 따져 위아래를 결정하는 관계가 아니다. 힘겨루기를 좋아하는 사회에서 상하관계로 규정할 뿐이다. 고객은 갑도 아니고 더더구나 을도 아니다. 서로를 배려하고 존중하는 마음만 갖고 있으면 어떤 것도 문제될게 없다.

PART 05

코리아 마켓
& 마케팅

국가 간 마케팅 경쟁이 치열하다. 일본 정부는 2013년부터 자국 문화가 세계 시장에서 고급스러운 브랜드로 인식되도록 애니메이션, 패션, 음식 등 다양한 부문을 적극적으로 지원하는 '쿨 재팬(Cool Japan)' 사업을 추진 중이다. 청정 자연과 수려한 경관을 기반으로 관광 강국으로 자리매김한 뉴질랜드는 이제 해외 기업을 유치하기 위해 선진적인 기업 환경을 부각하는 리포지셔닝 전략에 박차를 가하는 모습이다. 한국은 2015년 한국판 블랙프라이데이 행사를 시작으로 대형 유통업체부터 재래 시장까지 다양한 기업이 참여하는 국가 차원의 할인 이벤트를 개최하고 있다.

한국의 국가 브랜드는 마치 한국 기업처럼, 저렴한 비용에 볼거리까지 많은 신흥국과 비용은 비싸도 선진적인 문화를 몸소 체험할 수 있는 선진국 사이의 샌드위치 신세다. 쇼핑 위주의 단기 체류에 치중한 로우 엔드(low end) 전략을 유지할 것인지, 국가 고유의 가치에 매료되어 비용이 들더라도 오래 머물고 다시 방문하고 싶은 프리미엄 브랜드를 지향할 것인지, 전략적 포지셔닝이 필요하다.

기업이 전략적 판단에 앞서 내부 상황을 파악해야 하듯, 국가 브랜딩도 국가와 지역 내부의 문화와 시장 트렌드를 충분히 이해한 후 내외부 고객들이 모두 만족할 수 있는 방안을 찾아야 한다. 최근 동양권 사회, 시장이 서구 시장과 다른 이유를 쌀농사와 밀농사에서 비롯된 문화적 차이로 해석한 연구가 등장했는데, 이러한 분석은 시장에 대한 이해의 깊이를 더하고 기업과 국가가 창의적인 아이디어를 발굴하는 데 도움이 된다. 시차를 줄여가며 닮아가는 한국과 일본 소비 시장의 발전사는 한국 기업이 나아갈 방향을 보여준다. 또한 도시, 국가도 궁극적으로 고유의 정체성과 차별화된 가치, 품격을 지닌 명품 브랜드를 지향해야 한다. 개성 있는 거리가 속속 등장하는 도시의 경쟁력은 증대하고 있지만, 대자본의 유입으로 인한 젠트리피케이션 현상을 방지하는 전략의 필요성도 커졌다. 대자본과 소자본의 상생 방식을 모색하며 차별화된 가치를 발굴하고 유지할 수 있어야만 국내와 해외 소비자가 인정하는 세계적인 도시, 국가 브랜드로 발전할 수 있을 것이다.

쌀(Rice) 문화, 면(Face) 문화

매년 3월, 중국에서는 굴지의 글로벌 기업도 긴장하게 만드는 기업 살생부가 공개된다. 3월 15일 '세계 소비자의 날'을 맞아 관영 중국중앙방송(CCTV)이 한두 기업을 선정해 불량 제품, 부패상 등 문제점을 낱낱이 파헤치는 특집 소비자 고발 프로그램 〈3·15 완후이(晚會)〉를 방송하기 때문이다. 이 프로그램에서 소비자 권리를 침해한 기업으로 지목되면 제품과 서비스를 대폭 개선해야 함은 물론 CEO가 직접 나서서 공개 사과해야 한다. 기업은 브랜드 이미지에 큰 타격을 받게 되고 이후 한동안 수난의 시기를 거치게 된다.

2012년에는 글로벌 업체인 월마트와 맥도날드가 수난을 당했다. 유통기한을 넘긴 식품을 팔거나 오래된 식재료를 사용한다는 의문이 제기되면서 진상 조사가 시작됐고, 곧이어 두 회사의 공식

사과가 잇따랐다. 2013년에는 폭스바겐의 변속기 겸함이 보도돼 차량 38만 대 이상이 리콜됐다. 이 밖에 애플은 제품 보증 및 교환에 있어서 중국 소비자를 차별적으로 대우한다는 지적을 받아 관련 원칙을 전면 수정해야 했다. 2014년에는 일본 카메라업체 니콘의 제품 불량과 중국 시장에 대한 애프터서비스(AS) 차별이 집중 보도됐다.

공공의 적으로 지명된 기업이 융단 폭격의 대상이 되기까지는 순식간이다. 먼저 CCTV 특집 프로그램에 이어 후속 TV 프로그램들이 줄줄이 방송된다. 여기에 정부 기관들이 가세해 해당 기업의 소비자 권리 침해를 공론화하고 감독을 강화하기 시작하면 시장에서 분노는 빠르게 확산된다. 폭스바겐은 CCTV 방송 후 채 일주일도 되기 전인 3월 21일에 리콜을 단행했고, 콧대 높기로 유명했던 애플도 CEO 팀 쿡(Tim Cook)이 4월 5일 공개 사과문을 홈페이지에 중국어로 게재했으니, 소비자의 성토에 얼마나 시달렸을지 짐작할 수 있다.

한국의 리트윗 속도, 서양의 여덟 배

소비자의 분노의 전염 속도는 한국도 뒤지지 않는다. 2002년 동계 올림픽 쇼트트랙 남자 1500미터에서 미국 선수의 할리우드 액션으로 한국 선수가 금메달을 박탈당한 사건이 있었다. 사건 직후 한국은 반미 감정으로 들끓었다. 당시 미국 선수가 모델로 활동했던 나이키는 물론 맥도날드, 스타벅스, 코카콜라, 폴로 등 100여 개의 '사서는 안 되는 미국 제품' 리스트가 떠돌았다. 여기에 미국 언론이 이 상황과 관련해 인종차별적 발언을 한 사실이 알려지면서 사흘 만에 무려 120여 개의 미국 제품 불매 운동 사이트가 개설됐다.

소비자 공분은 순간적으로 증폭되다 사라지기도 하지만 오랜 시간 유지되면서 시장 판도를 뒤집어놓기도 한다. 2013년 5월 남양유업은 영업 사원의 폭언으로 비롯된 갑을 논란으로 곤욕을 치렀다. 제품 자체의 문제는 아니었지만, 비윤리적인 경영 행태가 소비자들의 심기를 건드렸고 집단 공격이 시작됐다. 대대적인 불매 운동이 이어졌고, 일부 매장은 해당 기업 제품을 모두 회수 조치했다는 사실을 곳곳에 써 붙이며 선 긋기에 나섰다. 결국 남양유업은 20년 만에 처음으로 적자를 기록하며 1위 자리를 빼앗기고 말았다.

한국이나 중국 등 아시아 국가에서는 기업의 잘못이나 실수, 근거 없는 소문까지 다양한 정보가 급속도로 퍼지고 그 영향력도 크다. 한 조사에 따르면 글로벌 트위터 이용자들이 10개의 멘션을 받

중국 관영 CCTV의 기업 고발 프로그램 〈3·15 완후이〉의 방송 장면이다.

을 때 평균 한 개를 리트윗하는데 반해 한국 이용자들은 평균 8개를 리트윗한다. 소문의 확산 속도가 빠를 뿐 아니라 범위도 넓어질 수밖에 없다는 얘기다. 소셜미디어가 발달하지 않은 평양에서도 몇 시간이면 정보가 입소문을 타고 도시 전역으로 퍼진다고 한다. 이러한 집단성은 개인의 가치관과 판단, 다양성이 존중받는 서양에서는 흔치 않은 일이다. 얼마 전에는 공항에서 항공기 출발이 지연되자 한목소리로 거칠게 항의하는 중국 소비자들의 '기이한' 모습이 미국과 영국 언론의 뉴스거리가 되기도 했다.

쌀농사, 밀농사에서 비롯된 문화의 차이

아시아 문화권에서 분노의 전파 속도가 서양보다 빠른 이유는 뭘까. 최근 한 연구는 공통된 생각과 행동, 그리고 동질감을 중시하는 집단주의의 근원을 동양의 '쌀 문화(rice culture)'에서 찾아 눈길을 끌었다. 버지니아 대학교 연구원인 탈헬름(Talhelm)은 "동양에서는 집단주의, 서양에서는 개인주의 성향이 강한 이유는 쌀과 빵을 주식으로 하는 문화의 차이에서 비롯됐다"고 설명한다. 맨땅에서 자라는 밀과 달리 벼는 고인 물에서 자라기 때문에 한 마을의 여러 농가가 물길과 논을 공유하는 방식으로 농사를 지어야 한다. 따라서 가장 중요한 생산 요소인 물을 끌어들이기 위해 마을 전체가 하나가 돼 힘을 모아야 할 일이 잦을 수밖에 없다. 쌀 문화는 상호 협력이라는 미덕을 낳았지만, 동시에 집단적 스트레스나 우울감과 같은 공동체적 반감과 집단적 공격으로 표출되기도 한다.

논문은 재미있는 실험 결과를 포함하고 있다. 쌀농사, 밀농사를 짓는 지역의 대학생들에게 자신과 친구, 동료 등 주변인들을 원으로 그려 연결하는 사회적 관계도를 그리게 했더니 쌀농사를 짓는 지역의 학생일수록 자신을 타인보다 훨씬 더 작은 크기로 표현한 것이다. 미시간 대학 문화심리학과 기타야마 교수의 연구에서도 미국인과 독일인들은 타인보다 사신을 각각 평균 6밀리미터, 3.5밀리미터 더 큰 지름의 원으로 그렸지만, 일본인들은 자신을 더 작게 그렸다.

이는 타인을 크게 의식하여 남의 시선을 기준으로 자신을 평가하는 동양의 '체면 문화'로도 연결된다. 그 누구보다 자신이 중요한 서양 사회에는 체면이란 개념 자체가 없다. 그래서 그들은 체면을 세우거나(saving face) 체면을 구기는(losing face) 상황을 잘 이해하지 못한다. 아시아 시장의 중요성이 커지면서 서구 기업들은 부랴부랴 체면이 무엇인지, 주의해야 할 점은 무엇인지를 학습하기 시작했다.

자신을 표현하는 데 익숙한 자기중심적인(idiocentric) 서양인들에 비해 집단의 화합과 원만한 대인 관계를 중시하는 타인 중심적인(allocentric) 동양인들은 불쾌감을 겉으로 드러내기를 주저한다. 언짢은 상황이라도 사람들 앞에서 자신의 감정, 특히 부정적 감정을 표현하는 것은 점잖지 못한 부적절한 행동이라고 여기기 때문이다. 대신 가족이나 친구와의 관계에 의존하는 동양권의 소비자들은 자신의 경험을 남과 공유하는 것으로 불쾌감을 해소하려는 심리가 강하다.

쌀 문화와 체면 문화는 아시아 시장을 타깃으로 하는 기업들에게 딜레마로 작용한다. 제품이나 브랜드가 인기를 끌면 빠른 속도로 유행을 만들지만, 단 한 번의 실수로 집단적 공격의 대상으로 전락해버릴 수 있기 때문이다. 자존심이 상하거나 불쾌감을 느낀 소비자는 자신의 감정을 직접적으로 표현하기를 꺼려하는 반면, 주변 사람들과 은밀히 나누는 뒷담화를 통해 공분의 씨앗을 키운다. 이유 없이 토라지는 소녀 같다가도 뭉치면 불같이 화를 내고 공격하는, 감당하기 어려운 두 얼굴의 소비자들이다.

하나 됨과 국민적 자존감을 고양하는 마케팅

기업이 이러한 시장을 파고들려면 지혜롭고 신중하게 접근해야 한다. 먼저 '우리(we-ness)'라는 명분을 내세우는 것이 좋다. 예를 들어 CJ제일제당은 주부들과 함께 시판 제품을 테스트하고 신제품을 기획하는 프로그램을 운영하고 있는데, 참여자들은 분명 우리 가족의 건강과 안전을 책임진다는 사명감을 가지고 임할 것이다. 삼성전자의 경우 임직원들이 창의적 아이디어를 제안하고 실제 성과로 이어지도록 하는 사내 집단 지성 시스템 '모자이크(MOSAIC)'를 도입했다. 회사 발전 방향 토론방에는 열흘 만에 7만 명이 방문하고, 4000명의 직원이 글을 올렸다고 하니 그동안 표출되지 않고 누적된 개개인의 의견이 얼마나 많았는지 짐작할 수 있다. 하나 됨과 주인의식이 잘 어우러진 문화가 뒷받침된다면 기업 특유의 자산으로 발전시킬 수 있을 것이다.

더불어 소비자의 기를 살리는 것도 중요하다. 그런데 한국에서는 국민적 자존심에 상처를 입히는 씁쓸한 사례가 비일비재하다. 국산 제품이 해외에서 훨씬 낮은 가격으로 책정되어 온라인으로 직접 구매하는 소비자가 많아졌고, 국산 과자의 과대 포장 문제로 불매 운동이 벌어져 제과업체의 실적이 하락하기도 했다. 이러다가는 소비자가 사라져버린 황량한 유령 시장만 남을지도 모른다.

내수 시장은 한국 기업이 발전하게 만든 성장의 밑거름이자 기업의 근간이다. 기업들은 올림픽이나 월드컵 때 잠시 이벤트성으로 벌이는 애국 마케팅 수준에서 벗어나 일상적으로 한국인의 자존감을 높여주고 고마움을 표현해야 한다. 아무리 직장이나 사회에서 인기를 끄는 사람이라도 부모 형제에게 인정받지 못하면 정말 힘들고 어려울 때 돌아갈 곳이 없음을 잊지 말아야 한다.

올림픽과 대선이 치러지는 2016년 미국에서는 소비자의 애국심을 자극하는 마케팅이 최고조에 달했다. 코카콜라는 독립기념일을 맞아 캔에 있는 자사 로고를 작게 줄인 대신 "미국인인 것이 자랑스럽다(I'm proud to be an American)"는 글을 큼지막하게 써넣었다. 버드와이저는 아예 제품 브랜드를 'America'로, 기업 브랜드를 'US'로 변경한 디자인의 병과 캔 맥주를 선보였다.

이들이 이벤트성 특수를 노리는 것만은 아니다. 미국에서는 이미 수년 전부터 단결심과 애국심에 호소하는 마케팅이 활발하다. 소비 시장이 회복세로 접어들자 미국 기업들은 '자랑스러운 미국산(Proudly made in the USA)'이라는 라벨을 크게 붙이거나 포장에 성조기 그림을 삽입하는 등 국내산 제품임을 강조하는 전략을 앞다퉈 사용하기 시작했다. 저렴한 수입 제품을 주로 취급하던 월마트도 향후 10년간 미국산 제품 구매를 확대할 계획을 밝히며 'Buy Made in USA' 캠페인을 추진 중이다. 전형적인 개인주의 사회인 미국에서 집단성을 강조하는 마케팅이 확산되고 있는 것이다.

글로벌 금융위기 이후 불황이 장기화되고 실업 문제가 심화되자 고용 창출을 위해서라도 국내산 제품을 애용해야 한다는 소비 의식이 형성되었기 때문이다. 2012년 보스턴컨설팅그룹 조사에 의하면 미국 소비자의 93%가 자국 노동시장 보호를 위해 미국산 제품을 더 높은 가격에도 살 의향이 있다고 응답했고, 80%는 국산품을 구매함으로써 자신의 애국심을 표현할 것이라고 말했다. 미국 정부가 본국으로 회귀하는 기업에 대한 다양한 혜택을 제공하자 포드, GE, 애플 등 리쇼어링 기업이 빠르게 증가했고, 혼다, 레노버 등 외국 기업들도 미국 현지 생산을 늘리며 미국산 제품임을 강조하는 모습이다.

외국산 제품을 구매하는 것이 나를 포함한 국민, 국가에 해를 끼치는 부적절하고 비윤리적이라고 인식해 국산품을 선택하는 소비자 자민족주의(consumer ethnocentrism)가 뚜렷해지고 있는 것이다. 일반적으로 시장경제 발달 초기에는 고품질, 고급 이미지, 다양성을 추구해 수입품, 특히 선진국 제품을 선호하지만 시장이 성숙해질수록 국산품을 구매하려는 자민족주의 성향이 두드러진다. 여기에는 국내 기업, 자국산 제품에 대한 자부심과 해외 선진 기업에 대한 경계심 등이 복합적으로 작용한다.

소비 시장이 질적으로 발달하고 있는 중국에서도 제품 경쟁력을 갖춘 로컬 기업들이 이왕이면 국산 제품을 구매하라는 애국심 마케팅을 적극적으로 펼치고 있다. 자동차, 전자 등 미래 핵심 산업 부문에서 중국 기업, 브랜드가 세계의 중심이 될 것이라는 자신감을 드러내며 국민들이 자부심을 가지고 토종 제품을 사용하도록 유도한다. 2015년 중국 소비자 조사 결과 59%가 국가 경제 발전을 지원하기 위해 국산품을 구매한다고 대답했고, 58%는 애플이나 삼성 등 타국 브랜드를 사더라도 이왕이면 국내에서 제조된 제품을 선택해 애국적 소비에 동참하겠다고 응답했다. 전 세계적으로 국산품 소비를 권장하는 분위기가 확산되고 국가 정체성과 자부심, 애국심이 새로운 마케팅 전략의 키워드로 부상하리라는 것을 예측하기는 어렵지 않다.

다국적 기업의 입장에서는 완제품뿐 아니라 부품, 소재의 원산지까지 고려하는 등 가치 창출 전략을 재정립해야 할 필요성이 커졌다. 생산, 마케팅 차원의 물리적 현지화를 넘어 각국의 전통과 문화, 관습을 융화시키는 화학적 현지화도 시도해야 한다. 무엇보다도 국가에 대한 애착, 유대감을 진정성 있게 전달하는 것이 중요하다. 국민적 단합을 강조하며 무조건 국산품이 최고라고 주장하는 맹목적 애국심보다 국가에 대한 소속감과 자부심을 바탕으로 발전을 위한 비판과 도전에도 적극적으로 참여하는 건설적 애국심에 호소하는 것이 바람직하다.

02

닮은 듯 다른 한국과 일본의 소비 시장

최근 한국 사회의 변화상을 보여주는 히트 상품 몇 가지를 살펴보자. 먼저 캠핑 용품이다. 가족과 함께 자연을 즐기는 캠핑이 대표적인 여가 문화로 정착하면서 캠핑 용품 시장은 2010년 1000억 원대에서 2013년 4000억 원대로 급팽창했다. 그 덕에 자동차 시장의 전체 규모가 줄어드는 가운데 스포츠유틸리티차량(SUV) 판매는 꾸준히 증가했고, 아웃도어 패션과 식품 시장도 호황을 누렸다.

쇼핑 문화도 많이 바뀌었다. 2014년 설 연휴 동안 유동 인구 데이터를 분석해보니 공항과 터미널을 제외하고 가장 번잡한 장소는 프리미엄 아울렛이었다. 백화점 성장은 정체된 반면 프리미엄 아울렛은 매년 두 자릿수 성장률을 기록 중이다. 신세계사이먼이 2007년 첫 매장을 오픈한 후 2011년 롯데백화점, 2014년 현대백화점이 가세해 삼파전이 치열하다.

유통업계의 또 다른 화두는 PB(Private Brand), 자체 브랜드다. 일반 제조업체 제품보다 30% 정도 저렴한 PB는 단순히 싸기만 한 제품이 아닌 저가이면서 양질의 제품이라는 신뢰를 얻으며 품목도 과자, 라면, 전구, 비타민까지 다양해졌다. 대형마트나 편의점에서 취급하는 PB 상품의 비중은 각각 20%, 35%에 이른다.

이제 타임머신을 타고 1990년대로 가보자. 1992년 일본에서는 미쓰비시 자동차의 레저용 차량이 부진한 자동차업계 속에서 유일한 호조를 기록했다. 틀에 박힌 관광, 레저 시설보다 산을 선호하는 오토캠핑 인구가 증가했기 때문이다. 싸면서도 좋은 상품을 찾는 소비자들이 급증하면서 1993년 아울렛, 이듬해에는 PB가 히트 상품으로 선정되었다. 20여 년 시차를 둔 두 나라의 소비 시장은 쏙 빼닮았다. 배경도 유사하다. 일본은 1992년 국민소득 3만 달러를 달성했고, 한국은 그 문턱에 와 있다. 65세 이상 인구 비율이 14% 이상인 고령 사회로 접어든 시점은 일본이 1994년, 한국은 2018년으로 예상된다. 한국이 일본식 장기 불황을 답습할 가능성에 대한 우려도 크다.

일본 소비 시장이 동력을 잃고 답보하는 동안 한국은 변화무쌍한 청춘기를 보냈다. 외환 위기 이후에는 억눌린 소비 욕구가 폭발적으로 분출되면서 일상생활의 고급화와 세련화가 빠르게 진행되었다. 패션(衣), 음식(食), 공간(住)으로 확장되는 발달 과정은 근대 자본주의 사회에서 발견되는 '사치의 진화' 흐름과도 맥을 같이 한다.

의 → 식 → 주, 사치의 진화

신흥 자본가들이 선조의 문장(紋章)이나 선망하는 가문의 것을 본떠 만든 문장으로 옷과 마차를 장식했듯이 2000년대 초 한국의 신부유층은 명품 브랜드를 온몸에 휘둘렀다. 당시 잘 나가는 엘리트 직장인의 패션은 아르마니 정장과 에르메스 넥타이, 페라가모 구두와 까르띠에 시계로 완성되었고, 수입차 판매가 급증했다. 진품과 구분하기 어려울 정도로 잘 만들어진 짝퉁이 히트 상품으로 선정되는 기현상도 벌어졌다. 1990년대 일본에서는 OL(Office Lady)이, 2000년대 한국에서는 골드미스가 명품의 대중화를 이끌었다.

음식 소비도 양에서 질로 바뀌었다. 중세 귀족들이 육류 음식들로 가득 찬 향연을 배가 터지도록 즐겼다면, 17세기에는 다양한 향신료와 소스, 풍미와 씹는 느낌을 즐기며 세련된 매너를 가진 예민하고 날씬한 미식가들이 등장했다. 이후 코코아, 커피, 차가 유럽의 상류사회에 퍼지면서 기호 식품 소비가 발달하고 대도시에는 커피하우스가 들어서기 시작했다.

한국은 2000년대 중반 웰빙 바람이 불면서 저칼로리 차 음료부터 유기농 식재료, 와인, 블루베리 등 건강에 좋고 독특한 음식에 대한 관심과 수요가 폭증했다. 새로운 음식과 맛집에 대한 정보는 SNS와 블로그를 통해 순식간에 퍼졌다. 테라스에 앉아 브런치나 이색 디저트를 즐기는 가로수길과 이태원 거리의 모습은 1990년대 도쿄 오모테산도(表参道)의 노천카페 모습과 흡사하다.

최근 들어 한국 소비 시장의 핫 이슈는 집, 공간 꾸미기다. 가구부터 침구, 식기류까지 자신의 취향에 맞춰 집안을 장식하는 소비자들이 많아졌다. 중견 기업들이 주도하던 가구·생활용품 시장에 자주(JAJU), 무인양품(MUJI), 자라, H&M 등 국내외 대형 주자들이 가세했고, 2014년 12월 오픈한 이케아는 35일 만에 방문객 100만 명을 기록할 정도로 인기를 끌었다. 덕분에 계절이나 기분에 따라 단돈 몇만 원으로 집안 분위기를 바꿀 수 있는 작은 사치가 가능해졌다.

18세기 유럽에서도 사치의 영역이 집안으로 확장되어 양탄자와 가구, 도자기, 은그릇 소비가 폭증했다. 독일의 경제학자 베르너 좀바르트(Werner Sombart)는 집 밖에서 공공적으로 향유하던 사치가 집안의 개인적 활동으로 변화한 것을 두고 '사치의 실내회(室內化)'라 설명하기도 했다. 몸치장으로 자신을 과시하고 다채로운 미식을 즐기다가 개성이 묻어나는 공간에서 안락한 생활을 누리고자 하는 진화의 원리는 시대와 국가를 넘어 적용되는 듯하다.

테크에 강한 한국, 터치에 강한 일본

IT 산업의 부상은 한국 소비 시장 발달의 기폭제가 되었다. 휴대폰의 경우 일본보다 1년 늦은 1995년에 히트 상품으로 선정되었으나 이동통신 가입자 수가 유선전화 가입자 수를 넘는 시기는 1999년으로 한국이 1년 앞선다. 현재 한국의 스마트폰 보급률은 90%에 근접하지만 일본은 50%를 겨우 넘는 수준이다. 양국 간 기업 관계도 역전됐다. 1990년대 초반까지만 하더라도 한국 기업이 일본의 기술과 마케팅 기법을 이전해오는 데 주력했지만 2000년 이후 일본 기업과 정부 관계자들이 한국을 방문해 벤치마킹하기 시작했다.

한국이 '테크(tech)'로 성장했다면 일본은 예나 지금이나 '터치(touch)'에 강하다. 헬로키티, 건담, 도라에몽 같은 캐릭터는 게임, 식품, 화장품 등 다양한 제품에 활용되며 수십 년간 세계 시장에서 인정받고 있다. 한국에서는 캐릭터 상품이 아이들의 전유물로

무인양품 일본 도쿄 매장의 모습이다.

여겨지는 반면, 일본은 남녀노소 마니아층이 두껍다. 2014년에는 헬로키티의 마흔 살 생일을 맞아 축하 이벤트가 벌어졌고, 디즈니 캐릭터 인형 츠무츠무(Tsum Tsum)를 수집하는 것이 일본의 직장 여성들 사이에서 유행했다.

일본은 첨단 기술을 사용하더라도 고객 정서를 자극하는 데 활용하는 편이다. 인형이나 장난감에 정성을 쏟고 외로움을 달래는 일본인 특유의 취향이 휴머니즘을 반영한 제품 개발로 연결되는 것이다. 1990년대 후반 소니가 출시한 로봇 강아지 아이보(AIBO)는 25만 엔이라는 고가에도 17분 만에 3000마리가 판매 완료되는 기록을 세웠다.

또 일본인은 인내심이 강하고 남에게 폐 끼치는 것을 수치스러워한다. 식당에서 휴대폰 충전을 요구하거나 PC를 카페 콘센트에 꽂아 사용하면 '전기 도둑' 취급을 당한다. 당연히 휴대용 배터리가 필수품이고, 주변 사람에게 불쾌감을 주지 않도록 땀 냄새나자국을 제거하는 데오드란트가 매년 히트한다.

더 빠르고, 더 편안하고, 더 멋있는 상품을 끝없이 요구하는 한국 소비자들은 싫증도 화도 잘 내 상대하기 어렵지만 그 특성 자체가 빠른 발전의 원동력이 된다. 제조 강국 타이완에서 글로벌 브랜드가 탄생하지 못한 데에는 성실하고 온순하기만 한 국민성의 영향도 크다.

소득 3만 달러 시대의 마케팅 전략

일본은 지금 하류화와 체념의 시대를 지나고 있다. 아베노믹스의 영향으로 초호화 기차 여행 같은 상품도 등장했지만, 저가의 상품, 실용적인 상품, 마음을 위로해주는 상품이 대세다. 스마트폰과 SNS를 통한 유행 확산 속도를 고려하면 향후 변화 속도도 한국을 따라오기 힘들 듯하다. 그렇다고 일본 시장에서 더 배울 것이 없다는 것은 아니다. 세계적인 명품 브랜드 이세이 미야케

(Issey Miyake)와 꼼데가르송(Comme des Garçons), 실용과 감성 가치를 모두 지닌 유니클로와 무인양품, 빌 게이츠가 애호하는 헬로키티까지 다양한 분야에서 글로벌 히트 상품을 배출시킨 저력을 무시할 수 없다.

'소득 3만 달러'는 단순히 잘 먹고 잘 사는 기준이 아닌 잘 발달된 소비 시장을 기반으로 세계적인 히트 상품을 부화시키는 계기로 인식되어야 한다. 일본에서 히트한 후 타이완과 미국 등지로 시장을 넓히며 인기몰이 중인 네이버 라인(LINE)은 귀여운 이모티콘으로 감정이나 의사를 전달하는 독특한 매력으로 텍스트 위주의 밋밋한 메시지를 사용하던 해외 소비자들을 공략하고 있다.

이제는 속도와 기술에만 의존하기보다 독창성과 감성을 추구해야 고객의 마음을 사로잡을 수 있다. 로봇 강아지와 교감하는 모습이 더 이상 남의 이야기가 아닐지 모른다. 성장 잠재력이 큰 싱글 시장이나 중장년 소비층의 욕구를 이해하기 위해 일본 기업의 시행착오를 살펴보는 학습도 필요하다. 기업에게 일본 소비 시장은 필독 교과서는 아니더라도 핵심 참고서 역할은 충분히 할 것이다.

03

명품 도시로 가는 길

가로수길, 경리단길, 상수동길……. 서울의 '길'이 뜨고 있다. 명동이나 압구정동처럼 특정 상권이 유명해진 것과는 다르다. 신진 패션 디자이너와 영화 제작자들이 모이며 만들어진 가로수길, 외국인 거주지를 기반으로 작고 이색적인 상점과 식당이 들어선 경리단길, 인디 음악과 미술로 상징되는 홍대 거리가 유행의 본거지로 부상했다. 과거의 상권이 대형 매장이나 고급 식당 위주의 기능성 하드웨어였다면, 지금의 길들은 가로를 따라 걸으며 그 지역만의 문화와 분위기를 체험할 수 있는 소프트웨어 중심의 공간이다.

개성 있는 거리들로 콘텐츠가 풍부해진 만큼 서울의 위상도 높아졌다. 얼마 전 영국의 가디언지가 발표한 세계 도시 브랜드 순위에서 서울은 LA, 뉴욕, 런던, 파리에 이어 5위를 차지해 놀라움을 줬다. 특히 소셜 미디어에서 긍정적인 평가를 받은 것이 주효했던 것으로 보인다. 미국의 한 여행서비스업체도 페이스북에서 여행객들로부터 받은 '좋아요(like)' 수를 기준으로 도시 순위를 발표했는데, 서울은 도쿄와 홍콩을 제치고 아시아 1위에 올랐다. 얼핏 생각하기에 명동을 가득 메운 요우커들의 칭찬이 아닐까 싶지만, 중국에서는 페이스북 사용이 자유롭지 않다는 점을 고려하면, 그만큼 여러 국가의 방문객들이 서울에 호감을 표시했다는 말이 된다.

매력적인 도시, 시애틀

살기 좋은 도시는 편리하고, 안전하고, 아름답고, 교육하기 좋을 뿐 아니라 다양한 문화 예술 콘텐츠가 조화를 이루는 곳이다. 1년의 절반이 비 오는 날이고 겨울이면 을씨년스럽기까지 한 시애틀이 살기 좋은 도시로 꼽히는 이유는 스타벅스와 마이크로소프트 본사가 위치했기 때문만이 아니다. 피츠커피앤티(Peet's Coffee & Tea)와 툴리스커피(Tully's Coffee) 같은 오래된 커피 체인점은 물론 개성적인 로컬 커피점들이 시내 곳곳에서 그야말로 '커피 도시'의 면모를 보여준다. 비주류, 반문화를 상징하는 캐피톨 힐(Capitol Hill)에 가면 예술가들이 자주 찾는 북카페 바우하우스(Bauhaus Book & Coffee), 리테 아트로 유명한 비바체(Espress Vivace)를 만날 수 있다.

시애틀은 록(rock)의 도시이기도 하다. 지미 헨드릭스, 너바나, 펄잼이 이곳에서 태어났거나 밴드를 결성했다. 우딘빌(Woodinville)에서는 샤토 생미셸(Château St. Michelle), 컬럼비아 크레스트(Columbia Crest) 등을 방문하는 와이너리 투어를 즐길 수 있다. 커피, 음악, 와인 그리고 이를 소재로 한 스토리들이 시애틀을 매력적인 도시로 만들었다.

서울도 문화적 정체성을 지닌 지역들을 확보하면서 살기 좋은 도시의 조건을 갖춰가고 있다. 각각의 거리가 하나의 브랜드가 되어 서울이라는 모(母)브랜드의 포트폴리오를 구성한다. 기업이 사업과 시장을 확장하며 전략과 시스템을 재정비하듯이, 도시도 풍부해진 브랜드 자산을 효과적으로 관리하기 위해 전략을 업그레이드해야 한다. 인지도 높이기 식의 영업 전략에서 벗어나 문화적 다양성을 바탕으로 고객과 정서적 관계를 구축하는 브랜드 전략을 펼쳐야 세계적인 명품 도시의 반열에 오를 수 있다.

'빅애플(Big Apple)'로 상징되는 뉴욕에서는 2002년 마이클 블룸버그(Michael Bloomberg) 시장이 취임하면서 도시 브랜딩에 박차를 가했다. 그는 뉴욕을 '세계 최대의 미개척 브랜드'라 일컬

으며 민영 기관의 경영 원칙을 도입하기 시작했다. 2003년에는 뉴욕 시 마케팅 전담 기관으로 NYC&Co를 신설해 타임워너, 뉴욕 양키스 등 당대 최고의 엔터테인먼트, 스포츠 기업의 마케팅 전문가들을 파격적인 대우로 영입하기도 했다. 초기에는 과감한 변화에 반발도 심했지만 관광객이 증가하고 범죄율이 하락하는 등 경제적, 사회적 효과가 서서히 창출되면서 시민과 관광객 모두로부터 사랑받는 도시로 입지를 굳히는 데 성공했다.

영혼 없는 브랜드의 추락

도시 마케팅에 기업 전략을 그대로 적용하기는 쉽지 않다. 그렇지만 장기적으로 브랜드 가치를 높이기 위해 반드시 지켜야 하는 원칙이 있다. 먼저 브랜드는 고유의 정신과 영혼(spirit)을 지녀야 한다. '여행 가방에 담은 장인정신'으로 시작한 루이비통, '다르게 생각하기'를 추구하는 애플은 변화와 혁신을 거듭하면서도 그 뿌리를 지켜왔다. 브랜드가 고유성을 잃으면 신뢰와 애정을 표현하던 고객들이 떠나기 시작한다.

스타벅스도 그런 실수로 2000년대 중반 위기에 빠진 적이 있다. 더 많은 고객에게 더 빠른 서비스를 제공하겠다는 목적으로 과도하게 매장을 확장한 결과였다. 전자동 커피머신을 사용하는 매장

시애틀 도심에 설치된 지미 헨드릭스 조형물이다.

까지 생겨날 정도였다. 그윽한 향기를 맡으며 바리스타가 정성스럽게 커피를 만드는 과정을 지켜보던 낭만적인 공간이 개성 없는 패스트푸드 커피점으로 변한 것이다. 고객들은 예전의 스타벅스가 아니라며 떠나갔고, 수익은 급감했다. 구원 투수로 복귀한 하워드 슐츠(Howard Schultz)가 임원들에게 보낸 메모에는 이렇게 쓰여 있었다. "스타벅스는 영혼을 상실했습니다. 따뜻한 이웃의 느낌이 사라진, 커피를 대량 판매하는 거대 브랜드일 뿐입니다."

개성이 넘치는 거리에 글로벌 브랜드와 대형 매장이 들어서면 임대료가 급상승해 중소 상인들이 퇴출되기 시작한다. 지역 고유의 정체성과 영혼이 희석되고, 결국에는 유명 브랜드로 채워진 편리하고 기능적인 쇼핑 타운만 남는다. 젠트리피케이션, 즉 '스트리트 클론(street clone)' 현상이 나타나는 것이다. 예술가와 상인들이 저렴한 임대료를 찾아 가로수길에서 세로수길로, 이태원에서 경리단길로, 홍대에서 상수동으로 이동하면서 새로운 길이 만들어진다. 그러나 젠트리피케이션의 악순환이 계속되면 반짝 히트 상품은 탄생하지만 장수 브랜드로 살아남지 못한다. 단기적으로 지역의 경제적 가치는 오를지 몰라도 도시의 브랜드 가치는 하락할 수밖에 없다.

영혼을 잃은 브랜드에도 부활의 기회는 있다. CEO의 의지와 적극적 조치는 브랜드를 회생시키고 제2의 전성기를 누리게 한다. 스타벅스를 되살리기 위해 하워드 슐츠는 "기본으로 돌아가자"는 구호 아래 극단적인 처방을 내놓았다. 미국에서 600개 매장을 철수하고 전 매장의 영업을 중단하면서 바리스타의 커피 제조, 고객 서비스 교육을 다시 시작한 것이다. 이후 스타벅스는 2010년 사상 처음으로 매출 100억 달러를 돌파하는 기록을 세웠다.

고유한 정체성 갖춰야 명품 도시

세계적인 도시들은 정체성 복원 사업에 적극적이다. 파리 시 라탱 지구(Quartier Latin)는 소르본 대학 주변으로 전문 서점, 중고 서점, 출판사들이 밀집한 곳으로 유명하다. 그런데 지역 주민과 관광객들이 즐겨 찾고 인기가 높아지면서 임대료가 상승하자 소규모 서점들은 폐점 위기에 처했다. 서점 수는 2000년 225개에서 2010년 124개로 급감했다. 대형 의류 매장과 고급 브랜드가 거리를 메우며 지역의 고유성이 사라지기 시작하자 마침내 파리 시가 나섰다.

라탱 지구를 '동네 활성화(Vital' Quartier)' 구역으로 선정하고 서점가 부활을 시도한 것이다. 폐점 위기의 서점을 매입해 합리적인 임대료로 사업을 유지시키고, 보험 회사나 여행사 등 다른 용도로 사용되던 상점을 서점이나 신진 작가를 위한 출판사로 전환시켰다. 당시 시장 베르트랑 들라노에(Bertrand Delanoe)는 이 사업을 '파리의 지적 영혼을 회복하기 위한 작업'이라며 중요성을 강조했다.

브랜드의 생명력은 CEO와 브랜드 관리자, 고객들의 열정과 지지로 유지된다. 도시 브랜드가 건강하게 성장하기 위해서는 지자체, 부동산 소유주, 상인 등 다양한 이해관계자들의 공감과 협력

파리 라탱 지구에 있는 전문 서점의 내부 모습이다.

이 필요하다. 기업도 빠질 수 없다. 기업이 위치한 지역의 이미지는 제품과 브랜드의 이미지를 결정짓는 중요한 요인이기 때문이다.

영국 버밍엄 시의 중심지 브로드 스트리트(Broad Street)는 주변에 유흥업소가 많아지면서 심야 교통 체증이 심화되고 범죄율이 높아져 매력을 잃기 시작했다. 대형 은행부터 작은 상점까지 위기를 감지한 300여 사업자들은 스트리트 공동운영협회를 설립했다.

그리고 시가지 활성화 구역(Business Improvement District, BID) 사업을 허가받아 자체적으로 발전 전략과 재원 마련 방안을 마련했다. 거리를 꽃으로 장식하고 나무 조명을 설치해 방문객은 물론 매일 출근하는 식상인들을 환영하는 분위기를 연출했고, 심야에는 방문객의 안전한 귀갓길을 보장하기 위해 택시를 연결해주는 '택시 마셜(Taxi Marshalls)' 서비스도 제공한다. 브로드 스트리트는 영국의 BID 사업 중 성공적인 사례로 손꼽힌다.

기업이 추구하는 가치는 양에서 질로, 질에서 격으로 이동해왔다. 지금은 조금 불편하고 낡아도 고유의 스토리와 품격을 지닌 상품과 브랜드가 인정받는 세상이다. 대형화와 현대화 위주의 하드웨어 개발로 일류 도시가 만들어진다면, 영혼이 살아 숨 쉬는 곳으로 거듭나야 세계적인 도시로 발전할 수 있다. 지역의 정체성을 되살리기 위해 과감한 결단이 필요한 때도 있다. 브랜드를 지원하는 커뮤니티도 구성해야 한다. 수십, 수백 년 후를 바라보며 변해야 할 것과 변하지 말아야 할 것을 판단하는 명품 브랜드의 지혜가 필요하다.

2015년 11월 28일 토요일, 오바마 대통령이 두 딸과 함께 워싱턴 DC의 작은 서점을 찾았다. 이날은 미국의 최대 쇼핑 시즌이 시작되는 블랙프라이데이의 다음날이었다. 온라인 업체들이 대대적인 할인 행사를 벌이는 사이버먼데이의 이틀 전이기도 하다.

아메리칸 익스프레스는 2010년부터 대형 유통업체들이 특수를 누리는 블랙프라이데이와 사이버먼데이 사이의 토요일에 '스몰 비즈니스 새터데이(Small Business Saturday)'라는 캠페인을 진행하고 있다. 대형 매장으로 집중되는 홀리데이 쇼핑객을 중소 상인들에게 분산시키겠다는 의도다. 오바마 대통령은 캠페인을 시작한 첫해부터 지금까지 매년 이날 동네의 작은 상점에서 쇼핑을 즐긴다.

캠페인에 동참하는 작은 상점에서 쇼핑하는 소비자는 아메리칸 익스프레스 카드로 결제하면 보상금을 지원받는다. 최대 3차례 10달러 이상을 구매하면 건당 10달러를 캐시백 받는 방식이다. 상인들에게는 '숍 스몰(Shop Small)' 로고를 박은 쇼핑백과 홍보 팸플릿, 포스터 등 관련 물품들을 제공한다. 홈페이지는 물론 페이스북, 트위터 등 SNS를 통해 캠페인을 소개하고 지역별 참여 업체의 위치와 특색 등을 알려준다. 지역의 일자리 창출, 경제적 발전에 기여하는 중소업체들의 중요성을 일깨워주기 위해 시작된 이 캠페인에 2012년 7억 4000만 명, 2014년 8억 8000만 명 소비자가 참여했다. 같은 기간 상점들의 매출은 114억 달러에서 143억 달러로 증가했다.

캠페인을 지지하는 정치인, 경영자 등 유력 인사들이 많아지면서 대중들 사이에서도 인지도와 참여도가 높아지고 있다. 2015년 조사에서는 미국 시민의 67%가 "스몰 비즈니스 새터데이를 알고 있다"고 답했다. 2015년부터는 1일 이벤트에서 월 행사로 확장한 '숍 스몰 인 노벰버(Shop Small in November)'로 변경하고 소비자와 중소 상인을 지원하는 서비스를 강화했다. 이 프로젝트는 대기업과 중소 상인이 함께 경제적, 사회적 가치를 창출한 대표적인 성공 사례로 꼽힌다.

04

하이엔드 국가 브랜드를 지향하라

"이제 제주도는 그만 가려고요." 절친한 지인의 말에 깜짝 놀랐다. 일 년에 적어도 세 번, 가족이나 친구와 함께 혹은 혼자서도 제주도를 찾는 제주도 마니아였기 때문이다. 지난 여행에서 대형 카페와 화장품 가게가 즐비하고 중국인 관광객으로 붐비는 명동과 별 다를 바 없는 모습을 보고 애정이 식은 듯했다. 여행에 대한 개인의 취향은 각양각색이겠지만, 제주도가 소중한 충성 고객 한 명을 잃은 것은 분명하다.

기업이 새로운 고객 한 명을 확보하기 위해서는 한 명의 기존 고객을 유지하는 데 드는 비용보다 적게는 5배, 많게는 25배 가량을 치러야 한다. 다양한 로열티 프로그램을 가동하며 고객 관계를 관리하는 이유도 여기에 있다. 고객 이탈률은 기업의 건강 상태를 보여주는 주요 지표이기도 하다. 무엇보다도 기업의 장기적인 성장에 꼭 필요한 핵심 고객의 이탈을 방지하는 것이 중요하다.

국가도 마찬가지다. 그런데 요즘 한국의 젊은 층 사이에서는 해외 이주를 위해 매달 자금을 적립하고 정보를 공유하는 이민계(移民契)가 유행이다. 최근 중앙일보가 대학생 800명을 대상으로 실시한 설문 조사에서도 응답자의 70% 이상이 "이민을 가고 싶다"고 답했다. 취업의 벽을 넘지 못한 20대부터 지나친 경쟁에 지친 30대 고학력 엘리트, 자녀 교육과 노후 계획이 불안한 40대까지 사회의 심장이자 두뇌 그리고 허리 역할을 하는 핵심 고객의 이탈이 예고된 것이다. 차마 떠나진 못하더라도 희망이 없고 스트레스가 극심한 지옥 같은 곳이라며 '헬(hell)조선'을 비난하는 청년들도 많다.

일본, 국가 브랜드 지수 1위

해외 시장에서의 한국 마케팅에도 적신호가 켜졌다. 최대 고객인 중국인 관광객 수는 매년 늘고 있지만, 재방문율은 지속적으로 하락해 2014년에는 11.6%로 떨어졌다. 한국문화관광연구원이 실시한 중국인 관광객 만족도 조사에서도 한국은 16개국 중 14위에 머물렀다. 불만을 넘어 악감정을 품고 떠나는 관광객도 많다. 중국인 방문객의 37%가 한국인으로부터 무시를 당했고, 25%는 여행 후 한국에 대한 이미지가 나빠졌다고 말했다. 중국 관영 인터넷 매체 〈중국망(中國網)〉에는 "한국인은 우리를 무수한 쓰레기로 본다"는 기사가 게시되었고 "무시를 당하느니 한국엔 가지 않겠다"는 이야기도 떠돈다.

얼마 전 영국의 퓨처 브랜드가 발표한 2014-2015 국가 브랜드 인덱스(Country Brand Index)는 한국 브랜드의 현주소를 여실히 보여준다. 17개국 2530명의 오피니언 리더와 브랜드 전문가를 대상으로 조사한 결과 한국은 20위권에 턱걸이로 포함됐다. 정치적 자유와 삶의 질 등 살기 좋은 환경 차원에서는 스웨덴, 노르웨이, 덴마크 등 북유럽 국가들이 강세를 보였다. 교육과 복지 그리고 직장 시스템까지 요즘 한국 젊은이들이 가장 동경하고 이민 가고 싶은 나라들이라는 점에서 수긍할 만하다. 문화유산, 고유성, 관광 등 해외 방문객들에게 어필하는 매력 차원에서도 한국은 최저 수준이다. 한국만의 독특한 가치를 제공하는 역량이 턱없이 부족하다는 뜻이다.

브랜드 지수 1위로 꼽힌 국가는 일본이었다. 독일의 시장조사기관 GfK가 선정한 2014년 국가 브랜드 순위에서도 일본은 6위, 한국은 27위로 큰 격차를 보였다. 세계인의 시각에서 한국과 일본은 동급 라이벌이 아닌 것이다. 퓨처 브랜드 조사의 참여자들은 일본을 "특별한 문화를 체험할 수 있는 나라", "와 있디는 것 자체만으로도 흥분되는 곳"으로 묘사했다. 연상되는 단어로는 '애니메', '게이샤', '망가', '존중'이 눈에 띈다. "쇼핑으로 시작해서 쇼핑으로 끝난다"는 한국의 이미지와는 확연한 차이가 느껴진다.

대형 매장과 도심 상점가를 한바탕 휩쓸고 떠나는 한국과 달리 일본에서는 관광객들이 거리 곳곳의 크고 작은 매장에서 의류, 식품, 화장품, 생활용품 등 다양하고 독특한 제품을 면세 가격으로 구입할 수 있다. 과할 정도로 친절하고 극진하게 손님을 대하는 일본 특유의 오모테나시(お持て成し) 문화는 방문객들에게 대접받는 느낌을 주고 다시 오고 싶은 마음이 들게 한다.

일본 정부가 2013년부터 본격적으로 추진하고 있는 '쿨 재팬(Cool Japan)' 사업도 국가 브랜드 위상을 높이는 데 일조했다. 민관 합동으로 조성된 400억 엔 규모의 쿨 재팬 펀드는 애니메이션, 패션, 음식 같은 문화 콘텐츠의 제작부터 홍보, 수출, 인재 양성까지 다방면에서 요긴하게 쓰인다. 무엇보다도 일본 문화가 아시아를 넘어 세계 시장에서 멋지고 고급스러운 브랜드로 인식되도록 하는 데 공을 들인다. 일본 전통 음식 와쇼쿠(和食)는 2013년 유네스코 무형문화유산으로 등재되었고, 라멘 전문점 '잇푸도(一風堂)'를 미국, 영국, 호주 등지로 확장시키는 사업에도 20억 엔이 투자됐다.

세계적으로 인기를 끌고 있는 일본 술 사케의 위상도 반짝 히트에 그쳤던 막걸리와 비교된다. 사케 수출액은 2002년 35억 엔, 2012년 89억 엔, 2015년 115억 엔으로 꾸준히 증가했다. 최근에는 고급 사케에 대한 해외 수요가 커져 리터당 수출 단가가 매년 10% 이상 상승하고 있다. 와이너리 투어처럼 양조장을 방문하고 시음해보는 여행 상품도 등장했다.

저가 전략 일색인 한국 마케팅

일본이 차별화된 프리미엄 가치를 제공하는 하이엔드(high-end) 브랜드를 추구한다면, 한국 마케팅은 저가 전략 일색이다. 2015년 시작된 국가 차원의 할인 행사 '코리아 블랙프라이데이(2016년 코리아세일페스타)'는 물론이고, 면세점 사업 확대도 언뜻 보면 고급화 전략 같지만 외국산 명품을 두고 주변 국가와 가격 경쟁을 벌이는 것과 다를 바 없다. 저가 전략은 경쟁자의 등장이나 돌발적인 위기에 취약하다. 2015년 6월 메르스 사태가 발생하자 중국인 관광객 수는 전년 대비 20% 수준으로 급감했고, 롯데 면세점의 경우 중국인 매출이 절반으로 줄었다. 같은 기간 일본은 중국인 방문객이 전년 대비 2배 증가하는 반사이익을 누렸다.

무차별적 가격 경쟁은 자기 실속만 차리는 체리피커를 양산한다. 이메일, SNS를 통한 할인 쿠폰 판매로 수많은 소비자들을 확보하며 급성장했던 소셜 커머스 기업들이 최근 실적 부진에 빠진 것도 고객 대부분이 더 좋은 조건을 찾아 떠도는 뜨내기들이었기 때문이다. 올해 들어 주가가 50% 급감해 해외 사업을 철수하기로 한 그루폰(Groupon)은 한 금융 전문가로부터 '예상 주가 0달러'라는 치욕을 당하기도 했다. 한국에서도 쇼핑이나 성형수술, 운전면허증 취득 같은 일 처리만 끝내고 급히 떠나는 체리피커 방문객의 비중이 커지고 있다. 지난 4년간 방한 중국인의 체제 기간이 10일에서 5.7일로 단축되었다는 사실이 이를 방증한다.

명분 없는 할인 전략은 시대 흐름에도 역행한다. 11월의 마지막 금요일, 블랙프라이데이는 미국에서 연중 최대 할인이 시작되는 날인 동시에 비영리기관 애드버스터즈(Adbusters)가 추진하는 '아무것도 사지 않는 날(Buy Nothing Day)'이기도 하다. 대형 쇼핑몰 주변에는 불필요한 소비와 충동구매로 인한 자원 고갈과 환경오염 문제를 고발하는 집회와 거리 공연 등 다양한 행사가 벌어진다. 1992년 시작된 이 캠페인은 현재 65개국에서 수백만 명이 동참하는 글로벌 이벤트로 발전했다.

물건보다 '좋은 경험'을 팔아야

한국은 '싸고 빠르고 쉬운 나라'에서 '돈, 시간, 노력을 더 들여서라도 가보고 싶은 매력적인 국가'로 리포지셔닝(repositioning)해야 한다. 구호성 마케팅을 벗어나 한국인이 자랑스러워하고 세계인이 공감할 만한 고유의 정신과 스토리를 발굴하는 것이 급선무다. 칠전팔기의 도전 정신이나 배움에 대한 열정 같은 문화의 근간을 알리면 한국의 정체성을 부각시킬 수 있다. 외골수처럼 한 분야에 심취하는 일본의 오타쿠 문화는 이미 서구에서 유별난 괴짜들의 쿨한 생활 방식으로 받아들여지고 있다.

국가 브랜드의 품격을 높이고 명성이 훼손되지 않도록 관리하는 정부의 역할도 중요하다. 프랑스 와인의 명성 이면에는 150년 전부터 와인을 5개 등급으로 구분해 엄격한 품질 기준을 적용해온 프랑스 정부의 노력이 있었다. 일본 경제산업성은 사케의 라벨을 스캔하면 성분과 제조 방식, 맛있게 즐기는 방법, 양조장의 역사 등을 알려주는 앱을 선보일 예정이다. 평범한 제품에 풍부한 이야깃거리와 추억을 더하면 프리미엄 상품으로 재탄생된다.

코넬 대학 심리학과 토머스 길로비치(Thomas Gilovich) 교수는 소비자는 물건보다 경험을 갖기 위해 돈을 썼을 때 더 큰 행복을 느끼고 그 감정이 오래 유지된다는 점을 발견했다. 또 시간이 지날수록 구매한 물건에 대한 만족도는 떨어지지만 경험에 대한 만족감은 오히려 높아진다고 한다. 독특하고 의미 있는 체험을 제공하면 만족한 고객이 또 오고 새로운 고객을 부르는 선순환 구조가 형성된다. 가치와 명분이 중시되는 시대에 중국 소비자들도 언제까지나 명품 쇼핑에 열광하지는 않을 것이다.

1999년 시작된 '100% 순수 뉴질랜드(100% Pure New Zealand)' 캠페인은 뉴질랜드가 관광 강국으로 자리매김하도록 하는 견인차 역할을 톡톡히 해냈다. 오염되지 않은 깨끗하고 수려한 자연환경을 체험할 수 있다는 가치를 전파해 해외 관광객 53%, 와인 수출액 7배 증가라는 성과를 달성하는 데 기여한 것으로 평가된다. 안홀트-GfK, 퓨처 브랜드 등의 국가 브랜드 평가에서도 좋은 성적을 거뒀다.

2013년부터는 존 키 총리의 주도 하에 국가 브랜드 정체성을 재정립하는 '뉴질랜드 스토리' 프로젝트가 진행 중이다. 농사짓기에는 좋지만 혁신성은 없어 보이는 진부한 이미지에서 탈피해 역동적이고 미래 지향적인 이미지를 강조한다는 취지다. 뉴질랜드가 매력적인 관광지일 뿐 아니라 얼마나 선진적인 기업 경영 환경을 제공하는지, 무역 대상국으로 얼마나 경쟁력을 지니는지를 알리는 데 중점을 두었다. 홈페이지, SNS를 통해 다양한 분야의 기업들이 직접 겪은 뉴질랜드 이야기를 생생하게 전달한다. 프리미엄 유기농 차를 재배하고 판매하는 질롱(Zealong), 세계적인 럭셔리 요트 제조회사 맥멀런앤윙(McMullen & Wing), 영화 〈반지의 제왕〉을 제작한 파크로드 포스트(Park Road Post) 등의 사례도 소개된다.

뉴질랜드 스토리의 근간에는 국가와 국민의 정체성, '뉴질랜드다움 (New Zealandness)'이 깔려 있다. 뉴질랜드다움의 핵심 가치는 국민, 기업, 자연에 대한 국가의 책임감을 표현하는 카이티아키(Kaitiaki: 수호자를 뜻하는 마오리족 용어), 신뢰와 겸손을 중시해 함께 일하기 좋은 뉴질랜드인의 진정성(Integrity), 창조적 혁신을 가능하게 하는 자원의 풍부성(Resourcefulness)으로 요약된다. 전 세계 경영자들이 새로운 사업 기회를 모색하고 경쟁 우위를 확보할 수 있는 경영 무대로서 뉴질랜드의 경쟁력을 강조한 것이다.

뉴질랜드 토종 양치식물의 잎 모양을 응용한 '펀마크(FernMark)'도 제작해 정책 활동은 물론 기업 마케팅, 스포츠 행사 등 여러 분야에서 사용하고 있다. 뉴질랜드 정부는 펀마크 허위 사용과 오용을 방지하기 위해 상표를 등록해 파트너를 엄선하는 라이선싱 프로그램도 운영한다. 국가 브랜드 상징물에 대한 엄격한 보호와 관리는 그만큼 개인과 조직이 뉴질랜드에 소속되어 있다는 자부심을 느끼도록 하는 효과를 창출한다.

슈퍼 컨슈머를 찾아서

25세 청년 벤 슐라피그(Ben Schlappig)의 직업은 여행 블로거다. 항공사 마일리지 수집 전문가로도 불린다. 그는 전 세계를 무료로 여행한다. 항공기는 주로 일등석을 타고 최고급 호텔에서 머문다. 비용은 여러 신용카드를 들락날락 사용하며 쌓은 마일리지와 포인트로 지불한다. 항공사가 예약이 초과될 경우 마일리지로 보상해준다는 점을 이용해 초과가 예상되는 항공기를 일부러 예약하기도 한다.

그가 운영하는 사이트 '원마일앳어타임(One Mile at a Time)'에는 마일리지를 쌓는 팁과 신용카드 혜택 정보는 물론 항공기, 호텔, 공항 라운지에 대한 생생한 리뷰가 소개된다. 좌석의 다양한 기능부터 승무원과의 대화, 기내식, 잠옷과 슬리퍼, 세면도구까지 사진과 함께 제공된 세세한 설명을 읽다 보면 마치 직접 비행기를 타고 내린 듯하다. CNN, 「텔레그레프」 등 유력 매체와의 인터뷰를 즐기며 블로그 광고, 여행 컨설팅 등으로 엄청난 수익을 거두는 그를 음악 전문 잡지 『롤링스톤』은 '여행업계의 록스타'라고 칭했다.

기업 성장을 좌우하는 슈퍼 컨슈머

벤 슐라피그는 항공사, 호텔, 신용카드 업계의 전문 정보를 제공하고 기업의 명성을 좌우하는 슈퍼 컨슈머(super consumer)다. 슈퍼 컨슈머는 상품 구입 양이 많은 헤비 유저, 구매를 반복하는 충성 고객을 넘어 제품 차별화와 경쟁력 그리고 수익 창출에 직접적인 영향을 미치는 고객을 일컫는다. 특정 제품이나 브랜드에 몰입해 에너지를 쏟아붓고, 지식과 경험이 풍부한 만큼 충족되지 않은 잠재 욕구를 지니고 있다.

미국 식품업체 크래프트의 치즈 브랜드 벨비타(Velveeta)는 걸쭉하게 녹인 형태로, 주로 찍어먹는 디핑 소스로 이용된다. 2013년 가공 치즈 시장은 건강을 염려하는 많은 소비자들이 유기농 치즈나 자연 치즈로 전환해 성장이 정체되고 미래가 불투명한 상황이었다. 벨비타를 회생시킬 방안을 모색하던 크래프트는 벨비타 치즈를 구매하지 않거나 사용량이 적은 고객을 핵심 타깃으로 고려했지만 뾰족한 방법을 찾지 못해 경영 컨설팅업체 캠브리지그룹을 찾았다.

슈퍼마켓 스캐너와 소비자 패널 조사 데이터를 분석한 결과 벨비타 브랜드에도 슈퍼 컨슈머들이 존재한다는 사실이 발견됐다. 이들은 전체 고객의 10% 정도지만 수익의 절반 이상을 담당했다. 또 일반 고객들이 평균 일 년에 두세 번 파티에서 디핑 소스로 사용하는 것과 달리 슈퍼 컨슈머는 벨비타를 부드럽고 잘 녹는 고급 치즈로 생각해 찜이나 퍼지 등 다양한 음식을 요리할 때 수시로 사용하고 있었다.

크래프트는 240만 명 정도로 추산되는 벨비타의 슈퍼 컨슈머들에게 집중하기로 결정하고 이들의 욕구를 심층적으로 분석했다. 무엇보다도 이들은 벨비타를 더 많은 종류의 음식에 사용하는 방법을 알고 싶어 했다. 슈퍼 컨슈머들을 모아 인터뷰하는 자리에서도 서로 이메일과 전화번호를 교환하며 레시피를 공유하는 모습을 보였다. 크래프트는 벨비타를 활용한 다양한 레시피를 수집하거나 직접 개발해 홈페이지를 통해 소개하기 시작했다. 또 샌드위치용 치즈, 가늘게 채 썬 슈레즈 치즈 같은 신상품을 내놓아 일 년 만에 1억 달러 매출을 거두는 데 성공했다.

슈퍼 컨슈머가 지닌 무한 잠재력

124개 상품 카테고리의 슈퍼 컨슈머를 분석한 리서치업체 닐슨에 의하면 전체 고객의 약 10%인 슈퍼 컨슈머가 수익에서 차지하는 비중은 50~70%에 달한다. 흥미로운 사실은 한 제품에 꽂힌 슈퍼 컨슈머는 평균 9개의 연관 제품에서도 슈퍼 컨슈머라는 점이다. 예를 들어 특정 우유에 열정적인 고객은 시리얼 시장에서도 전문가 수준의 소비자일 가능성이 크다. 항공사 마일리지 적립의 달인 벤 슐라피그가 호텔과 신용카드 업계에서도 슈퍼 컨슈머로 활약하는 것도 같은 맥락이다. 관련 분야에서 다양한 사업을 운영하는 메가 브랜드일수록 슈퍼 컨슈머는 무한 잠재력을 발휘하는 존재가 된다.

전문성과 창의성을 지닌 슈퍼 컨슈머는 자신만의 방식으로 상품을 자유자재로 활용하기를 즐기는 기획자이자 제작자다. 한국에서도 자신의 취향에 맞춰 PC와 자동차를 튜닝하고 화장품을 직접 제조하거나 기발한 응용 레시피를 연구하는 모디슈머(modisumer)가 증가하는 현상을 보면 다양한 업종에서 슈퍼 컨슈머가 등장할 가능성이 높아지고 있음을 알 수 있다.

2013년 출시된 삼양식품의 '불닭볶음면'은 모디슈머의 덕을 톡톡히 본 사례다. 초기에는 매운맛에 대한 호기심으로 도전하는 소비자들이 생겼지만 이후 마니아들이 개발한 '불닭볶음면을 맛있게 먹는 방법'이 온라인으로 확산되면서 선풍적인 인기를 끌었다. 떡볶이, 치즈, 우유, 삼각김밥 등과 조합하는 창의적인 레시피가 소개되면 그 맛을 확인하고 싶은 소비자들이 레시피를 모방하고 창조하는 과정을 되풀이했다. 롯데마트 자료에 의하면 2014년 라면 매출이 8% 이상 감소한 가운데 이 제품은 64.8% 상승하는 기록을 세웠다.

특정 브랜드에 정서적으로 깊이 몰입한 슈퍼 컨슈머는 죽은 브랜드를 살려내는 괴력도 발휘한다. 지난해 9월 코카콜라는 12년 전 생산을 중단한 서지(Surge)를 다시 세상에 내놓았다. 1996년 처음 출시되었던 서지는 레몬 맛이 나는 탄산음료로 경쟁사 펩시의 제품에 밀려 퇴출당했던 제품이다. 서지 부활의 주역은 서지를 그리워하는 세 명의 광팬들이었다. 이들은 2011년부터 소셜 미디어를 통해 '서지 운동'을 벌이기 시작했고 12만 명이 넘는 팔로워를 확보했다.

2013년에는 기부금을 조성해 애틀랜타에 있는 코카콜라 본사 근처에 빌보드 광고를 설치하기도 했다. 광고에는 "코크, 우리는 서지를 살 수 없어서 대신 이 광고판을 샀어요"라는 메시지를 담았다. 서지를 돌려달라는 내용의 유튜브 동영상과 연하장도 제작해 온라인으로 퍼뜨렸다. 떠난 브랜드를 그리워하는 고객들의 수년에 걸친 열정적인 요청에 대한 화답으로 코카콜라는 서지를 다시 출시하기로 결정했다. 단종된 제품을 되살린 것은 코카콜라에게 전례 없는 일이었다.

진정한 슈퍼 컨슈머는 기업 내부에 있다

슈퍼 컨슈머는 상황과 목적에 따라 다른 기준으로 정의될 수 있지만 어떤 환경이든 누구에게나 공통적인 슈퍼 컨슈머가 있다. 바로 내부 고객들이다. 직원들만큼 제품과 기업에 관심이 많고 성공을 바라는 고객도 없다. 1980년대 일본 업체의 공격으로 위기에 빠진 할리데이비슨을 구제하고 지금까지 이어져온 고객 커뮤니티도 직원들이 중심이 되어 만든 것이었다.

그러나 직원을 주요 고객으로 인식해 브랜드 가치를 공유하고 신뢰를 얻는 기업은 많지 않다. 직장인을 대상으로 한 갤럽 조사에서 59%가 자사 브랜드와 경쟁 브랜드의 차별점을 인지하지 못한다고 답했다. 25개국에서 정부, 기업 등에 대한 신뢰도를 측정하는 '에델만 신뢰지표(Edelman Trust Barometer)'의 2016년 조사에서 자신이 몸담고 있는 기업을 신뢰한다고 대답한 직원의 비중은 65% 수준이었고 한국은 55%에 머물렀다.

내부 고객들에게 제품 가치와 브랜드 정체성을 전달하는 내부 브랜딩이 부족하면 시장에서도 인정받지 못한다. 지금은 애플의 유통 부문을 지휘하고 있는 안젤라 아렌츠(Angela Ahrendts)는 2006년 명품 브랜드 버버리의 CEO로 부임했을 당시 첫 임원 회의에서 단 한 명도 버버리를 입고 있지 않은 것을 보고 위기의 심각성을 직감했다고 한다. 만드는 사람조차 외면한 옷을 돈을 주고 사 입을 소비자가 있을 리 만무하기 때문이다.

위기 상황이나 급격한 변화가 필요한 때일수록 내부 고객들과의 공감대 형성에 신경 써야 한다. 외부에 보이는 이미지와 내부 실체의 괴리가 커질 때 직원들은 기업의 노력에 냉소적으로 반응한다. 삼성전자가 1995년 직원들 앞에서 불량품 화형식을 거행한 것은 '질(質) 경영'으로의 도약 의지를 삼성인들과 공유하는 내부 마케팅의 일환이기도 했다.

스타벅스는 수백 개의 매장을 철수하는 위기를 겪었던 2000년대 중반에도 직원들을 위한 '리더십 랩(Leadership Lab)'을 마련하기 위해 3억 5000만 달러를 투자했다. 커피 원두 재배부터 생산 과정, 기업 미션과 브랜드 정체성 등을 전시와 공연으로 생생하게 보여주는 이 공간은 교육 장소라기보다 내부 고객들에게 브랜드를 파는 곳이다. CEO 하워드 슐츠는 "스타벅스 마케팅의 최우선 목표는 직원을 브랜드 홍보 대사로 전환시키는 것"이라고 말했다.

슈퍼맨, 원더우먼, 배트맨 같은 슈퍼 히어로는 평상시에는 모습을 드러내지 않다가 절체절명의 순간 어디선가 나타나 목숨을 구해주고 안전한 곳으로 데려다준다. 슈퍼 컨슈머도 시장 상황이 좋지 않거나 새로운 돌파구가 필요할 때 존재감이 더욱 빛난다. 우리 기업의 슈퍼 컨슈머는 누구이며 어떤 능력을 지니고 있는지를 안다면 어려운 시기에도 성장의 해답을 찾을 수 있을 것이다.

참고문헌

1부 떠오르는 소비층, 슈퍼 세그먼트에 주목하라

1. 힙스터, 아웃사이더에서 트렌드세터로

"Quiz: are you a hipster?" *Telegraph*, Oct. 17, 2013.

"The hipsterfication of America." *npr*, Nov. 17, 2011.

"Where the arty flock in Seoul(Hint: It's not Gangnam)." *New York Times*, Sept. 1, 2013.

"The mathematician who proved why hipsters all look alike." *Washington Post*, Nov. 11, 2014.

"The marketing of no marketing." *New York Times*, June 22, 2003.

"The story behind McDonald's hot, hipster Hamburglar." *Fast Company*, May 7, 2015.

"Why You Should Love Hipster Entrepreneurs." *Times*, Dec. 23, 2014.

Zachary, Crockett (2014). *Hipster business models: How to make a living in the modern world*. San Francisco: Priceonomics.

2. 싱글즈, 고독 달래줄 솔(soul) 브랜드 찾다

"1인가구 늘어 편의점 · 즉석식품株 강세," 「조선일보」, 2015. 12. 10.

"1인가구 83.7% 외로움을 느낀다," 「중앙일보」, 2015. 5. 20.

Wang, J., Zhu, R., & Shiv, B. (2012). The lonely consumer: Loner or conformer?.
Journal of Consumer Research, 38(6), 1116-1128.

"Study: Lonely consumers are wasting money on things they don't even like."
Business Insider, Dec. 15, 2011.

"Vodafone Romania Launches "Sunday Grannies" to Beat Loneliness." *Creative Guerrilla Marketing*, July 7, 2015.

Lasaleta, J. D., Sedikides, C., & Vohs, K. D. (2014). Nostalgia weakens the desire for money. *Journal of Consumer Research*, 41(3), 713-729.

Tai, K., Zheng, X., & Narayanan, J. (2011). Touching a teddy bear mitigates negative effects of social exclusion to increase prosocial behavior. *Social Psychological and Personality Science*, 1948550611404707.

Schwartz, S. H. (1992). Universals in the content and structure of values: Theoretical advances and empirical tests in 20 countries. In M. Zanna (Ed.), *Advances in Experimental Social Psychology*, Vol. 25 (pp.1–65). New York: Academic Press.

Pieters, R. (2013). Bidirectional dynamics of materialism and loneliness: Not just a vicious cycle. *Journal of Consumer Research*, 40(4), 615-631.

3. 시니어, 돈·지성·감성 갖춘 위대한 소비자

"On Aeon's initiatives in the Senior Shift." http://www.aeon.info/

"The battle is on for the hearts and wallets of Japan's seniors." *The Globe and Mail*, Oct. 26, 2014.

"일본 노인들, 초고령 애완동물 돌보다 허리 더 휜다." 「경향신문」, 2015. 3. 13.

"Chasing the grey yen." *Economist*, Apr. 11, 2015.

"Japan's convenience stores catering more to elderly as demographics shift." *Japan Times*, May 7, 2015.

"'노인 점포'로 불황 탈출 나선 편의점." 『한경 비즈니스』, 2014. 6. 5.

"Brands must adapt to an ageing world." *Financial Times*, May 27, 2015.

"애플·IBM, 일본서 노인전용 앱 서비스 사업 시작." 연합뉴스, 2015. 5. 1.

"Older shoppers lead Japan's surge in consumer spending." *Financial Times*, Apr.

30, 2013.

"Fashion: A mature market." *Financial Times*, Dec. 22, 2013.

"명품 업체들 '꽃보다 할매' 작전 패션 광고에 노인 모델 대거 투입." 「중앙Sunday」, 2015. 3. 22.

"Imparting wisdom: Cyber grandparents dish out sage advice." *Forbes*, March 19, 2015.

"Majority of seniors say advertisers don't treat them with respect." *Marketing Pilgrim*, Aug. 21, 2014.

"Advertisers' ageing dilemma." *Financial Times*, Oct. 29, 2014.

"Aging boomers stump marketers eyeing $15 trillion prize." *Bloomberg*, Sept. 17, 2013.

"60세 이상 절반, 시니어 전용 제품은 나와 무관." 『경향비즈』, 2016. 4. 5.

4. 여성, 핑크 전략을 거부하다

"How did Lego become a gender battleground?" *BBC News Magazine*, Aug. 6, 2014.

"Sheryl Sandberg: Rethinking marketing to women marketers have the opportunity to speak to women in ways that debunk stereotypes." *Adweek*, June 8, 2014.

"4 Ways to successfully market tech to women." *Inc.*, April, 2014.

"Apple: The world's most discreetly feminine brand?" *Forbes*, July 24, 2009.

"How ads that empower women are boosting sales and bettering the industry." *Adweek*, Oct. 3, 2014.

"What a leader needs now: 7 'Feminine' qualities." *Inc.*, Dec. 10, 2013.

Wittenberg-Cox, A. LEGO's girl problem starts with management. *Harvard Business Review Blog*, Sept. 15, 2014.

5. 마인드 푸어, 소비 시장의 거대 사각지대

"현대研, 중산층 소득 늘어도 주거 · 교육비에 삶의 질 악화." 「조선일보」, 2015. 2. 12.

미우라 아츠시(2006). 『하류사회』, 씨앗을 뿌리는 사람.

미우라 아츠지(2016). 『겉치고젓』, 세종연구원.
"착한 가격에 디자인까지, 초저가매장 호황." 「조선일보」, 2016. 8. 19.
"남성 정장 10만 원, SPA에 맞서 문턱 낮춘 백화점." 「조선일보」, 2016. 8. 21.

2부 뉴노멀 시장에 통하는 역발상 마케팅

1. 내향적 마케팅: 화려함 대신 겸손함 보여라

"The Upside of Being An Introvert." *Time*, Feb. 6, 2012.

Bendersky, C., & Shah, N. P. (2013). The downfall of extraverts and rise of neurotics: The dynamic process of status allocation in task groups. *Academy of Management Journal*, 56(2), 387-406.

"6 Truths on why introverts make great leaders." *Fortune*, Oct. 7, 2015.

"Fast followers not first movers are the real winners." *Forbes*, Oct. 14, 2014.

Cain, S. (2012). *Quiet: The power of introverts in a world that can't stop talking.* Crown Publishing Group.

Golder, P. N., & Tellis, G. J. (1993). Pioneer advantage: Marketing logic or marketing legend?. *Journal of marketing Research*, 158-170.

"Here's why the first-mover advantage is extremely overrated." *Business Insider*, Oct. 19, 2010.

Shankar, V., Carpenter, G. S., & Krishnamurthi, L. (1998). Late mover advantage: How innovative late entrants outsell pioneers. *Journal of Marketing Research*, 54-70.

Shankar, V., Carpenter, G. S., & Krishnamurthi, L. (1999). The advantages of entry in the growth stage of the product life cycle: An empirical analysis. *Journal of Marketing Research*, 269-276.

"The half-truth of first-mover advantage." *Harvard Business Review Blog*, April, 2005.

"Puma top global lifestyle brand in India." *The Times of India*, Aug. 17, 2015.

"Smart marketing & prudent attitude took Puma to the top of the sports shoe heap." *The Economic Times*, June 10, 2015.

2. 디브랜딩: 유명해지고 싶다면, 침묵하라

"난공불락 日 뚫기, 작전명: 브랜드를 지워라." 「조선일보」, 2015. 4. 17.

"That craft beer you're drinking isn't craft beer. do You Care?" *Time*, Aug. 13, 2013.

"Debranding: Why Coca-Cola's decision to drop its name worked." *The Guardian*, Aug. 6, 2013.

"Starbucks returns: The 15th Ave Coffee & Tea experiment is over." *Capitol Hill Seattle Blog*, Jan. 7, 2011.

"Starbucks to offer wine and beer in evenings." *Telegraph*, Feb. 19, 2015.

"'Share a Coke' to Return, But Bigger." *Advertising Age*, Apr. 10, 2015.

"Coke bottles with first names return." *USA Today*, Apr. 13, 2015.

Paharia, N., Avery, J., & Keinan, A. (2015). *Framing the game: How brands relationships with their competitors affect consumer preference*. London: Strong Brands, Strong Relationships.

Paharia, N., Keinan, A., Avery, J., & Schor, J. B. (2011). The underdog effect: The marketing of disadvantage and determination through brand biography. *Journal of Consumer Research*, 37(5), 775-790.

3. 양극화 브랜딩: 미워해주셔서 감사합니다

"Madonna reveals her worst nightmare is having to eat a Marmite sandwich." *DailyMail*, Sept. 14, 2011.

"아베크롬비 외모차별 논란, 뚱뚱女 거부!" 「한국경제신문」, 2013. 5. 21.

"Make the most of a polarizing brand." *Harvard Business Review Blog*, 2013.

"See the 10 worst brand extensions currently on the market." *Business Insider*, Feb. 9, 2013.

Aaker, D. A. (1990). Brand extensions: The good, the bad, and the ugly. *Sloan Management Review*, 31(4), 47-56.

Luo, X., Raithel, S., & Wiles, M. A. (2013). The impact of brand rating dispersion on firm value. *Journal of Marketing Research*, 50(3), 399-415.

4. 3S 마케팅: 작은 차이가 큰 변화 이끈다

"A deceptively simple plate designed to stop your overeating." *Fast Company*, Oct. 17, 2014.

"These ingenious new meal trays save virgin atlantic millions in cash." *Wired*, June 10, 2014.

"Starbucks personalization: Evil, funny, or brilliant?" *Forbes*, Sep. 15, 2014.

Thaler, R. H. & Sustein, C. R. (2008). *Nudge: Improving decisions about health, wealth, and happiness*. Yale University Press.

"Nudged to the produce aisle by a look in the mirror." *New York Times*, Aug. 28, 2013.

"Nudge marketing: Most effective strategy to push produce sales." *Adweek*, Aug. 29, 2013.

"Nudges gone wrong." *Slate*, Apr. 23, 2010.

3부 뉴노멀 시대, 고객과의 공감 폭을 넓혀라

Aron, A., Melinat, E., Aron, E. N., Vallone, R. D., & Bator, R. J. (1997). The experimental generation of interpersonal closeness: A procedure and some preliminary findings. *Personality and Social Psychology Bulletin*, 23(4), 363-377.

1. 슬픔, 심금을 울리면 지갑이 열린다

Lerner, J. S., Small, D. A., & Loewenstein, G. (2004). Heart strings and purse strings carryover effects of emotions on economic decisions. *Psychological Science*, 15(5), 337-341.

Lerner, J.S., Gonzalez, R.M., Small, D.A., & Fischhoff, B. (2003). Effects of fear and anger on perceived risks of terrorism: A national field experiment. *Psychological Science*, 14, 144-150.

"Discount coupons open new front in battle of the American brands." *Financial Times*, Feb. 11, 2009.

"The rise Of sadvertising: Why brands are determined to make you cry." *Fast Company*, May 4, 2014.

"Google bases a campaign on emotions, not terms." *New York Times*, Jan. 1, 2012.

"Best ads of 2011: Google Chrome 'Dear Sophie'." *Adweek*, Dec. 1, 2011.

"'Sadvertising' pulls on consumers' heartstrings, and purse strings." *Forbes*, Apr. 28, 2015.

"The rise of 'sadvertising': Why social good marketing works." *The Guardian*, July 18, 2014.

Galak, J., Small, D., & Stephen, A. T. (2011). Microfinance decision making: A field study of prosocial lending. *Journal of Marketing Research*, 48(SPL), S130-S137.

Walther, E., & Grigoriadis, S. (2004). Why sad people like shoes better: The influence of mood on the evaluative conditioning of consumer attitudes. *Psychology & Marketing*, 21(10), 755-773.

2. 공포, 새로운 히트 메이커의 탄생

"국민 90% 한국형 담배 경고 그림 혐오스럽다." 「조선일보」, 2015. 6. 16.

"SUVs, handwash and FOMO: How the advertising industry embraced fear." *The Guardian*, July 6, 2014.

"Hummer's long overdue death." *Forbes*, Feb. 24, 2010.

"Shame: The secret tool of marketing." *CBC Radio*, June 1, 2013.

"Fear as marketing tool: Scary sells." *Bloomberg*, Feb. 21, 2014.

Dunn, L. & Hoegg, J. (2014). The Influence of fear on emotional brand attachment. *Journal of Consumer Research*, 41 (June), 152-168.

"The fascinating marketing power of fear." *Inc.*, Feb. 13. 2014.

Williams, K. C. (2012). Fear appeal theory. Research. *Business and Economics*

Journal, 5, 1.

3. 유머, 반전 매력 넘치는 '뇌섹 기업'

"오바마 대통령의 셀피 동영상." 「조선일보」, 2015. 2. 17.

"오바마 美 대통령, 거울 앞 폼 잡고 셀카봉 잡은 사연은?" 「머니투데이」, 2015. 2. 13.

"The art of the airline apology." *Wall Street Journal*, July 9, 2014.

Gruner, C. R. (2000). *The game of humor: A comprehensive theory of why we laugh.* Transaction publishers.

Clouse, R. W., & Spurgeon, K. L. (1995). Corporate analysis of humor. *Psychology*, 32(3-4), 1-24.

Duncan, W. J. (1982). Humor in management: Prospects for administrative practice and research. *Academy of Management Review*, 7(1), 136-142.

Crawford, C. B. (1994). Theory and implications regarding the utilization of strategic humor by leaders. *Journal of Leadership & Organizational Studies*, 1(4), 53-68.

Dienstbier, R. A. (1995). The impact of humor on energy, tension, task choices, and attributions: Exploring hypotheses from toughness theory. *Faculty Publications*, Department of Psychology, 111.

4. 진심, 말 한마디의 위력

"Would you like a smile with that?" *New York Times*, Aug. 6, 2011.

"Smiley culture: Pret A Manger's secret ingredients." *Telegraph*, Mar. 9, 2012.

"Pret A Manger founder trashes American fast food." *Bloomberg*, Aug. 25, 2014.

"Pret a Manger staff in line for bonuses after rising sales." *The Guardian*, Oct. 24, 2014.

Sandstrom, G. M., & Dunn, E. W. (2013). Is efficiency overrated? Minimal social interactions lead to belonging and positive affect. *Social Psychological and Personality Science*, 40, 910-922.

Brooks, A. W., Dai, H., & Schweitzer, M. E. (2014). I'm sorry about the rain!

Superfluous apologies demonstrate empathic concern and increase trust. *Social Psychological and Personality Science*, 5(4), 467–474.

Sirianni, N. J., Bitner, M. J., Brown, S. W., & Mandel, N. (2013). Branded service encounters: Strategically aligning employee behavior with the brand positioning. *Journal of Marketing*, 77(6), 108–123.

4부 브랜딩 불변의 법칙, 고객과의 로맨스

1. 사교의 기술이 경쟁력이다

"동아제약, '알바생으로 산다는 것' 박카스 새 광고." 「머니투데이」, 2014. 3. 5.

"American Business, 1920–2000: How It Worked – P&G: Changing the Face of Consumer Marketing." *Harvard Business School Working Knowledge*, May 2, 2000.

2. 공간 브랜딩, 연인을 초대하는 마음으로

"Amazon's brick-and-mortar bookstore should be a hit with millennials." *Forbes*, Nov. 11, 2015.

"Amazon opens a new chapter with bookstore." *Financial Times*, Nov. 6, 2015.

"Is Amazon's brick-and-mortar store a facade for E-commerce?" *Fortune*, Nov. 13, 2015.

"Best Black Friday shopping strategies: Research online, resist browsing." *Wall Street Journal*, Nov. 25, 2014.

"서점의 불황시대서 각광받는 책방들." 『주간경향』, 2016. 10. 18.

"구글 첫 단독매장 '구글 숍' 오픈." 「조선일보」, 2015. 3. 12.

"Google opens its first Google-branded store-in-a-store, in London." *Wall Street Journal*, Mar. 11, 2015.

"The world's first Kit Kat store, and other brand-building retail endeavors." *Bloomberg*, Jan. 17, 2014.

"Rethinking retail: Why brands are embracing the rise of the concept store." *The Guardian*, July 9, 2014.

"박물관이 살아있다." 『보그』, 2015. 7. 2.

"모나미, 서울 홍대 근처에 '모나미 컨셉스토어' 오픈." 연합뉴스, 2015. 11. 5.

"Luxury retailers leading the way with in-store technology." *The Guardian*, Jan. 15, 2013.

"With stunning new stores, Starbucks has a new design strategy: Act local." *Wired*, January 8, 2014.

"Starbucks Reserve: A cross between a private club and chemistry lab." *The Guardian*, Oct. 21, 2015.

"Steve Jobs spent 30 minutes debating the shade of grey Apple should use for the bathroom signs in Apple stores." *Business Insider*, Oct. 27, 2011.

3. 결혼하듯 마케팅하라

Finkel, E. J., Hui, C. M., Carswell, K. L., & Larson, G. M. (2014). The suffocation of marriage: Climbing Mount Maslow without enough oxygen. *Psychological Inquiry*, 25(1), 1-41.

"Here's why marriage is harder than ever." *Business Insider*, Jan. 9, 2015.

"The all-or-nothing marriage." *New York Times*, Feb. 15, 2014.

Halloran, T. (2013). *Romancing the brand*. Josset-Bass.

4. '요람에서 무덤까지' 평생을 함께하라

Haller, R., Rummel, C., Henneberg, S., Pollmer, U., & Köster, E. P. (1999). The influence of early experience with vanillin on food preference later in life. *Chemical Senses*, 24, 465-467.

Lasaleta, J. D., Sedikides, C., & Vohs, K. D. (2014). Nostalgia weakens the desire for money. *Journal of Consumer Research*, 41(3), 713-729.

"Lego Ghostbusters: Fan-designed CuuSoo 'Ectomobile' will be released." *Huffington Post*, Jan. 31, 2014.

"치밀한 설계가 압권! 어른들을 위한 레고 상품은?" 「조선일보」, 2015. 4. 7.

"Japanese food makers soft sell meals for seniors." *Wall Street Journal*, Apr. 1, 2013.

"From cradle to grave, Japan's Kewpie adapts menu to feel ageing nation." *Business Insider*, Aug. 17, 2014.

"비자, 10대용 다목적카드 발급." 연합뉴스, 2000. 8. 10.

"Does the smell of coffee brewing remind you of your mother." *New York Times*, May 7, 2000.

Braun-LaTour, K. A., LaTour, M. S., & Zinkhan, G. M. (2007). Using childhood memories to gain insight into brand meaning. *Journal of Marketing*, 71(2), 45-60.

LaTour, K., LaTour, M. S., & Zinkhan, G. M. (2010). Coke is It: How stories in childhood memories illuminate an icon. *Journal of Business Research*, 63(3), 328-336.

5. 고객은 갑? 을?

"Hotel concierge helps soothe your hangover." *ABC News*, Oct. 22, 2013.

"삼성서울병원, 환자와의 소통을 위해 의사도 진료 코칭받다." 「파이낸셜뉴스」, 2013. 6. 17.

"의료시장 大변혁, 살려면 병원 간판 내려라." 『이코노믹리뷰』, 2007. 1. 17.

5부 코리아 마켓 & 마케팅

1. 쌀(Rice) 문화, 면(Face) 문화

"중국 신소비자보호법 주의보, 시범케이스 걸리면 문 닫아야 할지도." 「매일경제신문」, 2014. 3. 10.

"네트즌 사이에 '미국제품 불매운동': 맥도널드 · 스타벅스 · 필립모리스 등 타겟화." 프레시안, 2002. 2. 26.

Talhelm, T., Zhang, X., Oishi, S., Shimin, C., Duan, D., Lan, X., & Kitayama, S. (2014). Large-scale psychological differences within China explained by rice versus wheat agriculture. *Science*, 344(6184), 603-608.

Kitayama, S., Park, H., Sevincer, A. T., Karasawa, M., & Uskul, A. K. (2009). A cultural task analysis of implicit independence: comparing North America, Western Europe, and East Asia. *Journal of Personality and Social Psychology*, 97(2), 236.

2. 닮은 듯 다른 한국과 일본의 소비 시장

베르너 좀바르트. (1997). 『사치와 자본주의』. 문예출판사.

"성조기 입힌 콜라 · 아메리카 맥주, 미국에 부는 애국심 마케팅." 연합뉴스, 2016. 5. 29.

"'버드와이저' 대신 '아메리카' 마셔요, 美 대선 앞둔 애국심 마케팅." 「국민일보」, 2016. 5. 11.

"That "Made in USA" label may be worth more than you think." *BCG Perspectives*, Jan. 17, 2013.

"제품 경쟁력 없는 '애국심 마케팅'은 실패 가능성 높아." 『동아비즈니스리뷰』, 2015. 10. 9.

3. 명품 도시로 가는 길

박희석 · 한진아. (2010). 『상업공간으로서의 서울의 길』. 서울시정개발연구원.

"끼 있는 골목문화, 프랜차이즈에 울다." 「중앙일보」, 2014. 3. 6.

"Paris's new planning strategy: Bookshops in, textile wholesalers out." *The Guardian*, June 4, 2010.

Portas, M. (2011). *The Portas review: An independent review into the future of our high streets*. London: Mary Portas.

4. 하이엔드 국가 브랜드를 지향하라

"북유럽 가서 살겠다는 30代들, 前직장 알아보니 삼성 · LG 많더라." 「조선일보」, 2015. 4. 20.

"7兆 관광 고객(부가가치 · 소득 유발 1년간 총액)' 요우커를 푸대접하는 한국." 「조선일보」, 2014. 1. 16.

"2014 국가 브랜드 가치 순위." 연합뉴스, 2015. 2. 12.

"독일, 미국 제치고 국가브랜드 1위 등극, 한국 27위." 「매일경제신문」, 2014. 11.
14.

Country Brand Index 2014-15, Future Brand.

"韓 · 日 관광, 비교 체험." 「조선일보」, 2015. 8. 5.

"유커, 한국 두 번 오기 싫다." 노컷뉴스, 2015. 7. 14.

"막걸리는 청주가 부러워." 『주간무역』, 2014. 10. 27.

"Will Cool Japan finally heat up in 2014?" *Japan Times*, Jan. 9, 2014.

"METI plans bilingual app that scans sake labels." *Japan Times*, June 28, 2015.

"한글 · 기술력, 자랑거리 많은데 스스로 부정적인 게 문제." 「중앙일보」, 2015.
9. 23.

에필로그: 슈퍼 컨슈머를 찾아서

Yoon, E., Carlotti, S., & Moore, D. (2014). Make your best customers even better.
Harvard Business Review, 92(3), 22-24.

"The billion-dollar opportunity in single-serve food." *Harvard Business Review
Blog*, Oct. 23, 2015.

"Living the high life." *Economist*, July 24, 2015.

"Possible Velveeta shortage looms." *CNN*, Jan. 7, 2014.

"Kraft confirms Velveeta shortage, a.k.a. cheesepocalypse." *LA Times*, Jan. 10, 2014.

"How 'cheesepocalypse' helped Velveeta bond with its biggest fans." *Advertising
Age*, Mar. 24, 2014.

"Don't neglect internal branding." *Bloomberg*, Dec. 11, 2009.

"Three steps for transforming employees into brand ambassadors." *Forbes*, Oct. 8,
2013.

"Why CMOs must find novel ways to make employees a part of brands." *Forbes*,
Oct. 15, 2014.